新一代人工智能 2030 全景科普丛书

促进人工智能发展的法律与伦理规范

蒋佳妮　堵文瑜　著

科学技术文献出版社
SCIENTIFIC AND TECHNICAL DOCUMENTATION PRESS
·北京·

图书在版编目（CIP）数据

促进人工智能发展的法律与伦理规范 / 蒋佳妮，堵文瑜著. —北京：科学技术文献出版社，2020.9

（新一代人工智能2030全景科普丛书 / 赵志耘总主编）

ISBN 978-7-5189-6183-2

Ⅰ. ①促… Ⅱ. ①蒋… ②堵… Ⅲ. ①人工智能—科学技术管理法规—研究 ②人工智能—技术伦理学—研究 Ⅳ. ① D912.170.4 ② B82-057

中国版本图书馆 CIP 数据核字（2019）第 252365 号

促进人工智能发展的法律与伦理规范

策划编辑：李　蕊　　责任编辑：张永霞　　责任校对：王瑞瑞　　责任出版：张志平

出　版　者	科学技术文献出版社
地　　　址	北京市复兴路15号　邮编　100038
编　务　部	（010）58882938，58882087（传真）
发　行　部	（010）58882868，58882870（传真）
邮　购　部	（010）58882873
官 方 网 址	www.stdp.com.cn
发　行　者	科学技术文献出版社发行　全国各地新华书店经销
印　刷　者	北京时尚印佳彩色印刷有限公司
版　　　次	2020 年 9 月第 1 版　2020 年 9 月第 1 次印刷
开　　　本	710×1000　1/16
字　　　数	189千
印　　　张	14.25
书　　　号	ISBN 978-7-5189-6183-2
定　　　价	58.00元

版权所有　违法必究

购买本社图书，凡字迹不清、缺页、倒页、脱页者，本社发行部负责调换

总　序

人工智能是指利用计算机模拟、延伸和扩展人的智能的理论、方法、技术及应用系统。人工智能虽然是计算机科学的一个分支，但它的研究跨越计算机学、脑科学、神经生理学、认知科学、行为科学和数学，以及信息论、控制论和系统论等许多学科领域，具有高度交叉性。此外，人工智能又是一种基础性的技术，具有广泛渗透性。当前，以计算机视觉、机器学习、知识图谱、自然语言处理等为代表的人工智能技术已逐步应用到制造、金融、医疗、交通、安全、智慧城市等领域。未来随着技术不断迭代更新，人工智能应用场景将更为广泛，渗透到经济社会发展的方方面面。

人工智能的发展并非一帆风顺。自1956年在达特茅斯夏季人工智能研究会议上人工智能概念被首次提出以来，人工智能经历了20世纪50—60年代和80年代两次浪潮期，也经历过70年代和90年代两次沉寂期。近年来，随着数据爆发式的增长、计算能力的大幅提升及深度学习算法的发展和成熟，当前已经迎来了人工智能概念出现以来的第三个浪潮期。

人工智能是新一轮科技革命和产业变革的核心驱动力，将进一步释放历次科技革命和产业变革积蓄的巨大能量，并创造新的强大引擎，重构生产、分配、交换、消费等经济活动各环节，形成从宏观到微观各领域的智能化新需求，催生新技术、新产品、新产业、新业态、新模式。2018年麦肯锡发布的研究报告显示，到2030年，人工智能新增经济规模将达13万亿美元，其对全球经济增长的贡献可与其他变革性技术如蒸汽机相媲美。近年来,世界主要发达国家已经把发展人工智能作为提升其国家竞争力、维护国家安全的重要战略,并进行针对性布局,力图在新一轮国际科技竞争中掌握主导权。

德国 2012 年发布十项未来高科技战略计划,以"智能工厂"为重心的工业 4.0 是其中的重要计划之一,包括人工智能、工业机器人、物联网、云计算、大数据、3D 打印等在内的技术得到大力支持。英国 2013 年将"机器人技术及自治化系统"列入了"八项伟大的科技"计划,宣布要力争成为第四次工业革命的全球领导者。美国 2016 年 10 月发布《为人工智能的未来做好准备》《国家人工智能研究与发展战略规划》两份报告,将人工智能上升到国家战略高度,为国家资助的人工智能研究和发展划定策略,确定了美国在人工智能领域的七项长期战略。日本 2017 年制定了人工智能产业化路线图,计划分 3 个阶段推进利用人工智能技术,大幅提高制造业、物流、医疗和护理行业效率。法国 2018 年 3 月公布人工智能发展战略,拟从人才培养、数据开放、资金扶持及伦理建设等方面入手,将法国打造成在人工智能研发方面的世界一流强国。欧盟委员会 2018 年 4 月发布《欧盟人工智能》报告,制订了欧盟人工智能行动计划,提出增强技术与产业能力,为迎接社会经济变革做好准备,确立合适的伦理和法律框架三大目标。

党的十八大以来,习近平总书记把创新摆在国家发展全局的核心位置,高度重视人工智能发展,多次谈及人工智能重要性,为人工智能如何赋能新时代指明方向。2016 年 8 月,国务院印发《"十三五"国家科技创新规划》,明确人工智能作为发展新一代信息技术的主要方向。2017 年 7 月,国务院发布《新一代人工智能发展规划》,从基础研究、技术研发、应用推广、产业发展、基础设施体系建设等方面提出了六大重点任务,目标是到 2030 年使中国成为世界主要人工智能创新中心。截至 2018 年年底,全国超过 20 个省市发布了 30 余项人工智能的专项指导意见和扶持政策。

当前,我国人工智能正迎来史上最好的发展时期,技术创新日益活跃、产业规模逐步壮大、应用领域不断拓展。在技术研发方面,深度学习算法日益精进,智能芯片、语音识别、计算机视觉等部分领域走在世界前列。2017—2018 年,中国在人工智能领域的专利总数连续两年超过了美国和日本。在产业发展方面，截至2018年上半年，国内人工智能企业总数达1040家，位居世界第二，在智能芯片、计算机视觉、自动驾驶等领域，涌现了寒武纪、旷视等一批独角兽企业。在应用领域方面，伴随着算法、算力的不断演进和提升，越来越多的产品和应用落地，比较典型的产品有语音交互类产品（如智能音箱、智能语音助理、智能车载系统等）、智能机器人、无人机、无人驾驶汽车等。人工智能的应用范围则更加广泛，目前已经在制造、医疗、金融、教育、安防、商业、智能家居等多个垂直领域得到应用。总体来说，目前我国在开发各种人工智能应用方面发展非常迅速，但在基础研究、原创成果、顶尖人才、技术生态、基础平台、标准规范等方面，距离世界领先水平还存在明显差距。

1956年，在美国达特茅斯会议上首次提出人工智能的概念时，互联网还没有诞生；今天，新一轮科技革命和产业变革方兴未艾，大数据、物联网、深度学习等词汇已为公众所熟知。未来，人工智能将对世界带来颠覆性的变化，它不再是科幻小说里令人惊叹的场景，也不再是新闻媒体上"耸人听闻"的头条，而是实实在在地来到我们身边：它为我们处理高危险、高重复性和高精度的工作，为我们做饭、驾驶、看病，陪我们聊天，甚至帮助我们突破空间、表象、时间的局限，见所未见，赋予我们新的能力……

这一切，既让我们兴奋和充满期待，同时又有些担忧、不安乃至惶恐。就业替代、安全威胁、数据隐私、算法歧视……人工智能的发展和大规模应用也会带来一系列已知和未知的挑战。但不管怎样，人工智能的开始按钮已经按下，而且将永不停止。管理学大师彼得·德鲁克说："预测未来最好的方式就是创造未来。"别人等风来，我们造风起。只要我们不忘初心，为了人工智能终将创造的所有美好全力奔跑，相信在不远的未来，人工智能将不再是以太网中跃动的字节和CPU中孱弱的灵魂，它就在我们身边，就在我们眼前。"遇见你，便是遇见了美好。"

新一代人工智能2030全景科普丛书力图向我们展现30年后智能时代人类生产生活的广阔画卷，它描绘了来自未来的智能农业、制造、能源、汽车、物流、交通、家居、教育、商务、金融、健康、安防、政务、法庭、环保等令人叹为观止的经济、社会场景，以及无所不在的智能机器人和伸手可及的智能基础设施。同时，我们还能通过这套丛书了解人工智能发展所带来的法律法规、伦理规范的挑战及应对举措。

  本丛书能及时和广大读者、同人见面，应该说是集众人智慧。他们主要是本丛书作者、为本丛书提供研究成果资料的专家，以及许多业内人士。在此对他们的辛苦和付出一并表示衷心的感谢！最后，由于时间、精力有限，丛书中定有一些不当之处，敬请读者批评指正！

赵志耘

2019 年 8 月 29 日

前　言

自 1950 年艾伦·图灵提出"图灵测试"和 1956 年达特茅斯会议提出"人工智能"一词以来，人工智能已经过半个多世纪的发展，成为 21 世纪初最具变更性和潜在破坏性的技术，迅速改变人类社会经济形态和社会面貌，逐步由弱人工智能时代迈向强人工智能时代、超人工智能时代。面对人工智能发展的不确定性带来的挑战，人工智能的法律监管和伦理规范备受关注。当前，中国、美国、欧盟各国、英国、日本、韩国等纷纷提出本国人工智能政策和风险防范思路。各国均高度关注人工智能战略布局和顶层设计，从规划、机构设置、资金、人才和技术等方面支持人工智能发展，将人工智能视为下一个经济增长点。

各国人工智能布局兼具全面普及和重点攻克的特点，特别关注工业、医疗、养老和家政服务、教育、金融、基础设施、交通等领域的智能化进程。各国在推动人工智能技术发展和产业布局过程中对人工智能技术的潜在社会风险认识不断深入。对于防范和抵御人工智能技术的潜在社会风险，各国普遍持乐观态度，一方面期待人工智能技术发展带来化解风险的契机；另一方面尝试通过法律监管与伦理规范予以规制。事实上，人工智能确实对法律监管提出诸多挑战，如人工智能体主体资格和责任承担，人工智能生成物的可专利性与可版权性，人工智能时代个人数据存储安全和信息保护，利用人工智能技术的算法垄断和互联网不正当竞争，数字贸易谈判和规范框架及自主武器系统的国际法规制等。

人工智能的法律风险在自动驾驶、自主机器人、医疗健康和金融等人工智能具体应用场景下已逐步凸显。面对充满未知和可能的人工智能领域，相较于谋求各个具体法律问题的定论，明确法律研究所需立足的基础和遵循的原则更为重要。当法律对话人工智能时，须限定探讨范围，立足于当前，以及在相当时间段内世界将处于弱人工智能时代的社会现实，着眼于对人工智能基本要素即算法的认识和规范，侧重于人工智能特殊性及其对现有法律理论的冲击和人工智能法律人才培养等问题，谨慎对待对现有成文法体系颠覆性改造的建议，致力于实现促进人工智能技术发展，防范人工智能风险，发挥人工智能造福人类社会的基本目标与理念。

人工智能技术发展带来科技规制范式变化。技术中立理论不足以支撑人工智能时代的技术规范范式；技术实体理论也不符合人类向人工智能时代迈进的趋势；技术批判理论是建立在技术非中立基础上并主张以积极的态度面对现代技术的发展，可以作为人工智能时代的技术哲学指导。伦理规范是人工智能发展的纠偏机制。为规范人工智能的研发和应用，各国及国际机构出台了多版本伦理准则，特别强调和平研发与合作、算法公平透明无歧视、尊重隐私和人类普遍受益等理念。

人工智能发展是全球性的技术变革，人工智能法律和伦理规范期待国际合作和普适性的理论框架。人工智能的国际治理应当建立在一个具有包容性、可预期的和反应迅速的机制下。人工智能领域的国际制度性话语权的争夺将可能成为热点。

目　录

第一篇　人工智能对话法律

第一章　从弱到强：人工智能时代，未来已来 / 004
　　第一节　什么是人工智能？/ 004
　　第二节　人工智能的发展阶段 / 006

第二章　新业态与旧规制：人工智能法律化 / 007
　　第一节　人工智能如何拥抱法律？/ 008
　　第二节　人工智能带来的法律问题 / 010

第三章　旧貌换新颜：法律人工智能化 / 014
　　第一节　法律如何走向智能化？/ 015
　　第二节　人工智能应用于法律领域 / 019

第二篇　未雨绸缪：细数各国人工智能发展战略政策与规划

第四章　从摇摆到回归：美国政府人工智能布局趋向积极 / 023
　　第一节　美国政府人工智能布局的关键机构 / 023

第二节　美国政府人工智能布局的重要文件 / 026
第三节　美国应对人工智能潜在风险的主要法律 / 032

第五章　发展与规制并举：欧盟人工智能布局重视法律规范 / 035
第一节　欧盟人工智能发展计划 / 035
第二节　欧盟人工智能风险防范的立法尝试 / 039
第三节　欧盟国家人工智能产业布局与风险防范 / 042

第六章　营造适合人工智能发展的环境：英国多方位支持人工智能发展 / 044

第七章　谋求新一轮经济腾飞：日本希冀人工智能解决经济困境 / 047

第八章　从落后到追赶：韩国加快人工智能产业发展步伐 / 049

第九章　从追随型发展到赶超型发展：中国人工智能发展如火如荼 / 051
第一节　中国人工智能发展的推动部门 / 051
第二节　中国人工智能发展的顶层设计 / 052
第三节　中国人工智能发展的配套法律规范 / 054

第三篇　迎难而上：人工智能时代的法律挑战

第十章　人工智能体的主体资格与责任承担 / 058
第一节　人工智能体的定位困境与应用风险 / 058

第二节　各国对人工智能体法律人格及责任态度 / 061

第三节　人工智能体法律人格及责任理论探讨 / 063

第四节　人工智能体法律人格及责任再审视 / 066

第十一章　人工智能时代的知识产权挑战与回应 / 069

第一节　人工智能技术引发的知识产权争议 / 069

第二节　人工智能生成内容的著作权保护 / 072

第三节　人工智能生成内容的专利权保护 / 079

第十二章　人工智能时代的个人数据困境与应对 / 081

第一节　"裸奔"在人工智能时代 / 081

第二节　个人数据的性质之争 / 083

第三节　个人数据保护的新动向 / 085

第四节　站在个人数据保护的十字路口 / 091

第十三章　人工智能时代的竞争法走向 / 094

第一节　新技术破坏竞争秩序的风险端倪初现 / 094

第二节　新技术下的算法垄断及其应对 / 096

第三节　新技术下的不正当竞争认定 / 098

第十四章　人工智能时代的国际往来 / 106

第一节　数字贸易 / 106

第二节　自主武器系统 / 116

第四篇 乘风破浪：人工智能具体应用场景中的法律风险

第十五章 自动驾驶 / 122
第一节 自动驾驶中的法律风险与争议 / 124
第二节 各国法律对自动驾驶法律风险的回应 / 130

第十六章 自主机器人 / 139
第一节 恐怖与希望同在：自主机器人的未来已来 / 139
第二节 自主机器人中的法律风险与争议 / 140

第十七章 医疗健康 / 146
第一节 智能医疗中的法律风险与争议 / 148
第二节 各国法律对智能医疗法律风险的探索和实践 / 151

第十八章 智慧金融 / 154
第一节 人工智能对金融行业带来的影响 / 155
第二节 金融监管在人工智能时代的法律风险与争议 / 156

第五篇 人工智能时代的社会风险与技术伦理

第十九章 人工智能时代的技术风险与范式转变 / 166
第一节 人工智能时代的新幽灵 / 166
第二节 人工智能技术潜在的社会风险 / 167
第三节 人工智能时代技术范式的变化 / 169

第二十章 •••• 人工智能发展的基本伦理准则 / 174
    第一节 各国及国际组织开展人工智能伦理研究 / 174
    第二节 中国人工智能伦理准则发展导向 / 176

第六篇 展望未来：人工智能法律法规和伦理规范领域的国际合作

第二十一章 •••• 国际合作现状概览 / 180
    第一节 联合国框架下的国际合作 / 180
    第二节 世界和经济论坛下的国际合作 / 184
    第三节 经济合作与发展组织下的国际合作 / 185
    第四节 电气和电子工程师学会下的国际合作 / 187
    第五节 国际人工智能与法协会 / 188
    第六节 学术界、企业界等的代表性合作 / 188

第二十二章 •••• 国际合作前景展望 / 191
    第一节 对人工智能伦理和法律规范的需求更加迫切 / 191
    第二节 对人工智能国际治理的建议更加具体 / 193
    第三节 人工智能领域的国际制度性话语权的"争夺"将成为
           热点 / 198

后 记 / 200

参考文献 / 202

"我不担心人工智能让计算机像人类一样思考问题,我更担心的是人类像计算机那样思考问题——摒弃同情心和价值观,并且不计后果。在这种情况下,我们希望你们可以帮助我们预防这样的事情发生。因为如果科技走入黑暗角落的时候,人类就是照亮黑暗的蜡烛,让我们看清自己身处何方以及前面的危险。"

——蒂姆·库克

"光有科技是不够的,科技要与人文和人性结合,才能产生让我们的心为之歌唱的结果。当你让人处于你所做一切事情的中心位置时,就可以产生巨大的影响。"

——史蒂夫·乔布斯

"……也许真要靠算法的顶层设计来防止消极后果。人工智能技术可能不只是理工科专业人士的领域,法律人士以及其他治理者也需要学习人工智能知识,这对法律人士和其他治理者提出了技术要求。法治管理需要嵌入生产环节,比如对算法处理的数据或生产性资源进行管理,防止造成消极后果。"

——李彦宏

•••• 第一篇 ••••

人工智能对话法律

人工智能不仅是一种快速发展的技术，而且是一种能力，它能够从经验中学习并自主地执行，这种能力使人工智能成为 21 世纪初最具破坏性和变革性的技术。人工智能的迅猛发展不仅仅是一个科学技术领域的现象，它正在迅速改变人类社会的经济形态。当前，人工智能在社会中已经无处不在，消费电器、物联网、空中交通管制系统、国家的电网、医疗保健系统及"智能"高速公路、自动驾驶车辆等社会方方面面均有人工智能发挥作用的场景。人工智能的发展受人类政治和法律的影响，同时，人工智能也在改变人类的政治格局和法律结构。① 尽管人工智能的技术发展突飞猛进，应用领域不断拓展。然而，相关领域的伦理规则尚待确立、法律法规尚需完善、道德观念有待提升。人工智能如何应用于法律？法律又该如何调节人工智能？

---

① 郑戈. 人工智能与法律的未来[J]. 探索与争鸣，2017（10）：78-84.

第一章

从弱到强：人工智能时代，未来已来

第一节 什么是人工智能？

人工智能存在许多定义，但它们中没有一个是普遍相关的，同时又是真正明确的。这主要是由于人工智能概念的模糊性决定的。通常意义上，人工智能系统包括硬件和软件组件。因此，它可以指机器人在单个计算机上运行的程序，或者在联网计算机上运行的程序，甚或托管人工智能的任何其他组件集。

1950年，艾伦·图灵发表了论文《计算机器与智能》（"Computing Machinery and Intelligence"），提出机器可以有思维，并提出著名的"图灵测试"，为后来的人工智能科学提供了开创性的构思。该文为图灵赢得了"人工智能之父"的美誉。1955年8月，John MaCarthy，Marvin L. Minsky，Nathaniel Rochester 和 Claude Shannon 撰写的项目提案中首次在计算机科学领域使用"人工智能"一词。1956年的达特茅斯会议勾画了人工智能研究的蓝图，会议的发起人麦卡锡起草的倡议书中使用的"人工智能"一词也得以确立，达特茅斯会议被认为是人工智能诞生的标志。① 法学教授哈伯德将人工智能描述为:"机器可以从经验中学习接收、评估、使用和传输信息,并利用学习的输出来确定未来的反应。"② 该描述与法律和机器人专家教授瑞恩·卡洛对人工智能的定义类似,即产生新兴行为并可以"感知"和"处理"。③

一些研究认为,人工智能本质上是一个数据管理问题。人工智能的基本要素是算法,它可以被描述为在有限数量的步骤中解决问题的过程,或者如微软的塔尔顿·吉莱斯皮所述:"算法是'将输入数据转换为确定的输出的编码过程'。"④ 当具有自主意识的人工智能出现时,现有的人类法律领域将受到挑战。例如,为了根据侵权法分配责任,曾经可以把相应的责任统统追溯到编制算法的人类程序员,但自主意识下的人工智能则可能独立承担法律责任。在人工智能的研究领域,人工智能和法律是一个独立且重要的研究门类,一方面法律正在并将长期调节人工智能时代的社会关系;另一方面人工智能也正在更广泛地应用于法律领域。

最大的问题可能不是下一个突破,而是现有的新兴技术将如何应用于不同领域。人工智能已经影响到了人类生活的方方面面,从出行到起居,从健康到金融、法律等领域,并且因为人工智能变革性、颠覆性的特征,使得现有的社会调控体系或将失灵,新事物与旧规制之间的矛盾会日益凸显,为了应对这些制度风险,有必要在技术发展的同时,关注社会调控体系——法律和道德在人工智能时代的变化趋势。

---

① MCCARTHY J, MINSKY M L, ROCHESTER N, et al. A proposal for the dartmouth summer research project on artificial intelligence August 31, 1955[J/OL]. AI Magazine, 2006, 27 (4): 12[2017-09-19]. https://doi.org/10.1609/aimag.v27i4.1904.
② F PATRICK HUBBARD. "Sophisticated Robots": Balancing Liability, Regulation, and Innovation[J/OL]. Fla L Rev, 2015, 66: 1803 [2019-07-03]. http://scholarship.law.ufl.edu/flr/vol66/iss5/1.
③ RYAN CALO. Robotics and the lessons of Cyberlaw[J]. Cal L Rev, 2015, 103 (3): 513-563.
④ TARLETON GILLESPIE, PABLO J BOCZKOWSKI, KIRSTEN A FOOT. The relevance of algorithms, in media technologies[J]. Mobile Media & Communication, 2015, 3 (2): 286-287.

第二节　人工智能的发展阶段

人工智能的发展阶段，可分为以下 3 个阶段。

第一阶段，弱人工智能（Artificial Narrow Intelligence，ANI），该阶段的人工智能仅限于能够推理和解决问题。

第二阶段，强人工智能（Artificial General Intelligence，AGI），该阶段的人工智能相比前一阶段，能够思考、计划、解决问题、抽象思维、理解复杂理念、快速学习和从经验中学习，可以称之为人类级别的人工智能。此阶段的人工智能被认为拥有了自主意识，可以独立思考问题并制定解决问题的最优方案。

第三阶段，超人工智能（Artificial Super Intelligence，ASI），牛津哲学家、知名人工智能思想家尼克·波斯特洛姆把超人工智能定义为："在几乎所有领域都比最聪明的人类大脑都聪明很多，包括科学创新、通识和社交技能。"美国未来学家雷·库兹韦尔称："2045 年左右，人工智能将到达一个'奇点'，跨越这个临界点，人工智能将超越人类智慧，人们需要重新审视自己和机器的关系。"

目前的人工智能还多处于弱人工智能阶段，仅在某些特定应用场景下，例如，语音识别、图像处理、机器翻译、无人驾驶等方面有重大的技术突破，能够接近甚至超越人类的水平。然而，在更多应用领域，人工智能仍不能适应复杂的新环境和不断涌现出的新功能要求。随着额外的计算资源、软件的改进及神经形态芯片的进一步发展，预计人工智能的自主性和智能化程度将相应地增加。

•••• 第二章

新业态与旧规制：人工智能法律化

由于计算能力的大幅提升，人工智能现已成为法律和监管方面的关注点（图1-1）。大量的报告、评论和学术论文都在讨论一个核心问题：是否需要在现阶段，或者至少在不久的将来，对人工智能的发展和行为进行监管？人工关于当前对人工智能采取较为严格的监管是否为时尚早进行了激烈的争论，但越来越多人的共识是人工智能发展的不确定性带来新挑战，防范和化解人工智能的风险，是负责任地发展人工智能的应有之义。

图 1-1

（资料来源：https://www.truthrevolt.org/sites/default/files/styles/metatag_image_defalut/public/field/image/articles/cloud-l-01-copy.png?itok=aMHAyOsL）

第一节　人工智能如何拥抱法律？

人工智能的法律化是眼下一个重要的趋势，是人工智能受到法律调节、为法律所规制的一种状态。人工智能需要法律调节，法律也在不断推动人工智能的发展。前人工智能时代，也就是在机器人仍仅仅是一些简单的执行者和纯工具的阶段，法律规制就在显效，当时的法律大体可以解决曾经出现的机器变革。人工智能时代正式宣告诞生以来，也就是人类当前所处的弱人工智能时代，法律对人工智能的规制表现出两面性，一方面是法律试图规制人工智能社会关系；另一方面是法律对人工智能的规制往往具有不确定性。这一阶段，法律对人工智能的规制，既有前人工智能时代的稳定性特点，也出现了一些新的变化，即开始面临是否需要赋予人工智能法律地位，相关责任如何分配和承担，人工智能赖以发挥作用的数据之开放与个人隐私保护之间的界限如何确定等全新的法律问题。

根据计算机科学家和人工智能专家 Michele Zhou 的说法，人工智能的 3 个特征促成了它最近在整个社会中的传播，包括：识别智能，其中模式识别算法用于检测场景中的边缘和线条；认知智能，其中使用算法从场景数据的分析中做出推论；模拟人类，像人类一样思考、行动。[①] 结合人工智能的前两个特征允许系统之间的自治程度，这些系统开始在许多法律领域挑战既定的法律学说，但这些是可以预期的，因为在"低技术"和非自主机器的时代，即在开始使用人工智能技术之前，制定了适用于使用人工智能系统的许多法律原则，并且也适用于广泛的应用。但是，使用人工智能的应用程序越来越多，在规范下一个变革技术时，立法者将审慎制定一套规则，这些规则应该涵盖已经存在的人工智能对世界采取行动的一般原则。鉴于不同的法律领域均会在未来受到挑战，需要制定一套管理人工智能的法律框架，因为未来的强人工智能和超人工智能

---

① OM MALIK. The Hype, and Hope, of Artificial Intelligence[EB/OL]. (2016-08-26) [2018-12-21]. http://www.newyorker.com/business/currency/the-hype-and-hope-of-artificial-intelligence.

具有伤害人类的潜在危险，也有作为独立的个体从事商业活动的潜力，更准确地说未来的人工智能具有违反《刑法》等法规的潜在危险。

人类自主运作的"虚拟化身"是否可以作为代理人，产品责任法是否适用于算法和软件，算法是否是可授予专利的主题，以及在刑事诉讼中，依据人工智能获得的证据之间如何相互质证，如何确定证据的采信，等等。这些只是人工智能法关注的几个问题。此外，当人工智能实体伤害人或损害财产时，如何分配责任？当无法合理预测自动化智能系统的行为和风险时，人们如何构建和部署自动化和智能系统？鉴于当前法律并未赋予人工智能法律主体地位（注：这里的非法律主体强调人工智能不具有权利能力和行为能力），因此，对人工智能造成的侵权等后果，要求生产者承担严格责任，即无过错责任，是一种可供探讨的思路。由于人工智能可能导致财产损失或危害人类，因此，法院或立法者可能会被要求对计划的创建者和此类计划的行为施加严格的责任。由于人工智能可能导致财产损失或危害人类，因此，法院或立法者可能会被要求对计划的创建者和此类计划的行为施加严格的责任。

不仅如此，人工智能法律化还主要表现在具体法律实践方面。例如，根据知识产权法，谁拥有算法所创作的原创作品的版权，谁应该获得由本身源于机器学习技术的算法独立创造的发明的专利垄断？此外，如果一个系统是由人工智能控制的，并且以对人类来说新颖和不可预测的方式执行任务，造成人身伤害或者财产损失，法院该追究谁的责任？虽然人类与日益智能的机器交互造成的伤害责任分配问题是法律研究者和法院关注的问题，但在这种情况下，除了人为错误之外，可能的因果关系是软件和算法控制机器的行为所致，即机器传感器、微处理器和计算机视觉系统中嵌入的人工智能。在这种情况下，机器不能超越一些指导其行为的简单规则的思考，缺乏智慧。在这一阶段，人工智能尚不能对自己的行为负责。但随着人工智能自主意识的增强，对法律的挑战将更大。

第二节 人工智能带来的法律问题

2018年3月中旬，媒体称一家服务特朗普竞选团队的数据分析公司剑桥分析获得Facebook超5000万用户数据，并进行违规滥用。4月6日，美国消费者团体向联邦监管机构提起诉讼，认为Facebook通过其面部识别软件已经侵犯了用户的隐私权。该案引起了对于科技企业监管的大讨论。人工智能法律化要面向的具体问题主要是对人工智能的问责，包括法律责任的划分及法律责任的承担，这些正是当前人工智能发展面临的主要法律挑战。人工智能的许多问题都与缺乏针对法律和道德问题的具体法规有关。

作为人工智能的政策和法律，政府监管机构的目标应该是起草不会扼杀人工智能研究的立法，但仍然保护公众免受人工智能接近时的可能危险。人工智能的哪些特征挑战了既定的法律领域应成为人工智能法关注的重点？驱动"人工智能革命"并对当前法律学说提出挑战的是人工智能的分析技术和算法，它们使机器能够超越其原始编程进行自主操作。此外，人工智能也控制着数字实体，而这一事实本身就会在法律制定中产生紧张关系，这种紧张关系超越了越来越智能的机器所创造的那些可以预期的对立状态，并暗示着一种仅仅专注于"智能机器"的法律将无法充分涵盖人工智能所控制的全部技术。此外，对于那些倡导人工智能调节的人，还需要考虑人工智能的其他功能，例如，人工智能提升人类自主行动的能力，参与创造性解决问题的能力，以及如上所述存在的物理或数字实体本身。目前，各国关注的人工智能领域法律问题涵盖法律人格、侵权责任、知识产权、数据安全、市场竞争秩序和国际法等多方面。其中，侵权法、知识产权法、数据安全法和竞争法领域问题的讨论最为激烈。

第一，侵权法问题。侵权法是可能会受人工智能影响最重要的法律发展的领域。其中，产品责任法也适用于自动驾驶汽车、机器人和其他"移动"人工智能启用或自动系统，违反法定义务的侵权行为也将取决于具体的产品责任法律的规定。"静态"和"移动"的人工智能可能会让它们的提供者和用户也牵涉到责任分配中。"过错责任"和"无过错责任"的认定可能会随着人工智能的发展而有所变化。

第二，数据和隐私保护问题。拥有和访问数据对于人工智能的发展至关重要，并将成为人工智能中许多最大挑战的核心。有不同类型的数据，其中一些是公开的，一些是私有的，它们的使用引起了与可能使用或不使用哪些数据有关的担忧，如侵犯隐私及在何种程度上侵犯隐私。数据主体了解并同意其用于某些目的，例如，公共或私人医疗服务提供者收集的患者信息，以及可能涉及个人或敏感数据的地理空间信息。数据保护问题的另一面是数据垄断。拥有大量数据的公司获得支配地位，从而将较小的参与者（如大学和创业公司）排除在同等水平之外，这减少了后者在人工智能开发方面的机会，这类风险也需要法律防范。另一个争论是，大公司所拥有的数据是否应该与公共部门机构分享。目前，已经有国家正在讨论制订特定监管框架（如知识产权工具）的问题，以解决数据、数据集和数据库所有权的法律性质和监管问题，例如，欧洲的《一般数据保护条例》（General Data Protect Regulation，GDPR），该法主要涉及隐私权，公民对透明度、信息和控制的需求，以何种方式使用个人信息及明确同意的必要性。消费者已经开始关注获得有用服务和放弃个人信息之间的权衡。这些可能会更加复杂，特别是考虑到自动驾驶汽车、智能电表和电子商务等新应用产生的大量个人数据。人工智能政策法律界必须对人工智能工业界提出"道德行为准则"和法律规制的要求，但同时如何激励技术创新呢？作为人工智能时代工业生产的主要生产资料——数据，给法律规制带来新的挑战。每个国家都可以根据自己的文化制定自己的数据保护和数据隐私法。

第三，知识产权法问题。人工智能将为知识产权法的发展提供重要的推动力，尤其是机器和认知学习开始使计算机能够产生新的作品并创造新颖的做事方式。在版权领域，出现的一个关键问题涉及人工智能系统产生的版权作品的所有权归属问题。那么，在开发和使用可能导致新版权作品的人工智能系统所订立的合同中应当包括新的版权租聘的所有权归属、转让和许可的适当且明确的条款。

同样，使用人工智能系统也可能会产生新的发明，这类由人工智能系统所产生的发明很可能具有可专利性。那么，相关合同的各方也应再次在合同中明确规定人工智能系统所产生的发明之专利权的归属、转让和许可事宜。

人工智能有望彻底改变各个领域的流程。可以预见，人工智能还将影响知识产权，特别是专利权及其管理。这可能是一个双向过程：一方面，人工智能的发展将影响并纳入知识产权管理；另一方面，知识产权政策和实践将与人工智能管理创新战略相互作用。专利制度是全球知识经济的支柱，因此必须坚持和发展。这种情况要求专利制度能够再次兑现最初的承诺。众所周知，专利的存在，是在确定专利权人权利及其合法收益的同时激励专利权人公开其必要的专利技术实现过程的相关材料，以便指导后续发明者不至于从头开始，而是站在巨人的肩膀上。从这个意义上可以说，"专利"意味着"开放"。人工智能发展背景下的专利问题，除了与拥有主要使用算法系统的发明人有关的具体问题之外，最根本的挑战是专利系统如何能够促进更多（或至少不会杀死）与软件相关的创新生态系统所必需的协作，而不是成为一种障碍。

第四，竞争法问题。只有少数几家在人工智能方面具有较强商业利益的高科技公司和活跃的研究实验室通过收购和兼并在人工智能领域取得了主导地位，这些并购活动引发了外界的担忧，尤其是对其垄断行为的担忧，即当前的反垄断法是否会有效地规范人工智能产业？[①] 但更具体地说，算法本身的功能可能导致合同违规。企业可能借助算法进行勾结，抑或进行歧视性定价。

用于训练人工智能的数据可能影响其学习内容及响应方式，应优先考虑在人工智能中创建开放式培训数据和开放数据标准。在为人工智能产品制定监管政策时，应借助适当的专业知识。鉴于人工智能技术的复杂性，该领域专业知识对于向立法者通报人工智能的范围和能力至关重要。学校和大学应将道德和

---

① Ezrachi Ariel 和 Stucke Maurice E，《人工智能与共谋：当计算机抑制竞争时》（2015年4月8日），伊利诺伊大学法律评论，第一卷，2017年；牛津法律研究研究报告第18/2015号；田纳西大学法律研究研究第267号。可在SSRN上获得：https://ssrn.com/abstract=2591874。

安全、隐私和安全相关主题纳入人工智能、机器学习、计算机科学和数据科学课程的组成部分。从挑战既定法律和政策的角度来看，越来越智能的技术最重要的方面是控制实体的人工智能的算法和分析技术。由于人工智能控制的系统越来越自治，立法者需要采取行动以响应智能技术的进步。当人们认为50年前裁决的案件反映了当前分析自动化技术责任的分析时，立法行动的必要性也很明显：这表明需要开启独立于人类行事的人工智能系统的新方法。

第三章

旧貌换新颜：法律人工智能化

随着技术的进步，法律必须提前考虑技术能力的变化（图1-2）。人工智能的情况尤其如此，人工智能的自主学习和操作能力对已建立的法律领域提出了许多挑战。人工智能是法律和法律科学的一个非常有用的工具，将知识用于人工智能，可以解决或至少有助于解决某些法律问题。同时，人工智能将进一步为解决法律中的具体问题而开发和利用工具及技术。随着超强运算能力、大数据的出现和发展，以及算法的持续改进，人工智能对法律及法律行业的影响正在加深、加快。英国学者理查德·萨斯坎德在其著作《明天的律师：预见你的未来》表达了一个观点，他认为，在法律行业，在200年之内对其改变最大的就是人工智能。未来20年，法律人需要做好迎接未来的准备，[1]法律行业将可能迎来一场巨变。[2]

---

[1] MOISEIENKO ANTON. Book review: tomorrow's lawyers: an introduction to your future by Richard Susskind[J]. LSE Review of Books，2017：1-3.
[2] 曹建峰."人工智能＋法律"十大趋势[J]. 机器人产业，2017（5）：86-96.

图 1-2

(资料来源:https://img3.iyiou.com/ThinkTank/2018/Allaw_1920.jpg)

第一节 法律如何走向智能化?

  法律的人工智能化主要是指法律科技的人工智能化,其表现形式主要是法律推理系统、法律建模、人工智能法律援助、智慧司法等。[①]

  自 20 世纪 60 年代以来,法律科学便在探索"人工智能"在计算机科学中对该术语的意义。早期有研究文件预见利用人工智能将试验抄本转换成计算机可读形式,以便更有效地处理信息[②]:处理客户向律师提供的信息并确定赢得案件的可能性,如果他们获得赔偿,确定可能的金额,分析成文法,或处理证据材料及判例法。根据法律数据库(HeinOnline)的搜索结果,有关人工智能法律化的探讨于 20 世纪 80 年代显著增加,2000 年有所下降,2010 年又迅猛增加。

  法律科学承认人工智能的有用性,特别是在法律推理环节。法律推理是一个一般概念,指的是形成并为特定法律问题提供合理答案的过程,如在审判结束时应该做出什么样的决定,或者一个人是否需要及在多大程度上付税。人工

[①] 张清,张蓉."人工智能+法律"发展的两个面向[J]. 求是学刊,2018,245(4):97-106.
[②] GIBBS M, ADAMS E. A report on the Second National Law and Electronics Conference[J]. MULL Mod Uses Log L, 1962 (3): 215-223.

智能应用可以协助法律推理，如搜索法律文本数据库，并确定哪些案件与正在进行的司法程序相关。该工具大大简化了法律研究，因为它能够过滤掉不相关的信息。

此外，一些应用程序可以自己推理并提供具体的答案。这些应用程序通常称为专家或基于知识的系统。研究显示，有5类法律专家系统：提供特定解决方案的诊断系统；提供最佳实现目标的建议的计划系统；协助遵循复杂法律程序的程序指南；服务于法律推理的智能清单；评估是否符合法律规定的要求，以及根据用户指令自动创建预定义模板文档的文档建模系统①。文档建模系统也称为文档组装系统。这些系统能够为用自然语言提出的未预料到的问题提供解决方案。法律推理与法律知识的表示及其评估紧密相关。但是，法律不是一个封闭的系统或具有不变规则的科学领域。它经常是相对的，需要不停地平衡利益。此外，需要开发具体工具，以应对处理自然语言中含糊不清的挑战。科学家们还必须提出如何在"近因"和"远因"的法律概念中表现因果关系的解决方案，以及如何表示人类的内在心理状态（情绪、目标、意图等）和他们的人际关系，或如何表示时间（事件和间隔）并确定其对其他变量的影响。

尽管人工智能在处理法律时面临着各种复杂问题，但仍得到了广泛应用。例如，法律推理用于规范立法，以便识别法律文本中的含糊之处，支持起草立法或模拟法律先例。有许多技术可以帮助律师完成任务，如在合同中识别有问题的条款或规划知识产权诉讼中的获胜策略。人工智能已经被设定用于自动在线争议解决，以解决通过eBay签订合同的各方之间的分歧。将来，算法决策的目标将不仅仅是为了协助法官，而是为了在某些类型的案件中取代他们。然而，由于算法以隐蔽的方式运作——存在"黑箱"，因此会引起对这些程序透明度的质疑，从而会妨碍公众的监督。但是也有解决方案，可以检查动态演化算法的可能偏差，如通过在测试用例的帮助下检查它们。尽管算法本身缺乏透明度，

---

① MELANIE M REID.Rethinking the fourth amendment in the age of supercomputers, artificial intelligence, and robots[J]. West Virginia Law Review, 2017, 119 (3): 863–890.

但同时算法可以用于通过改进数据分析来提高社会透明度。人工智能分析大量数据的能力也可用于数字取证。除了检查大量的证据数据以减少其数量或发现它们之间不显眼的关系之外，人工智能还可用于预测，如用于确定"哪个犯罪场景能提供恢复取证样本的最佳机会"。此外，据推测人工智能将以自动机器人的形式协助执法，有朝一日可能成为警察队伍的一分子。[1]

英国和美国是法律专业服务智能化的代表。2015年5月，英国《金融时报》的一篇文章称，自2015年中期以来，基于机器学习的人工智能在法律服务领域的应用速度加快，"减轻了初级律师的时间任务"。在美国硅谷，连续创业者Justin Kan孵化的Atrium法律技术和律师事务所[注：Atrium的业务分为Atrium LLP（传统律师事务所）和Atrium LTS（旨在研发Atrium LLP和其他律师事务所服务智能化所需技术的人工智能公司）]曾被寄予利用人工智能打破法律专业服务盈利模式的期待，一度被投资市场看好获得超过4亿人民币投资。然而，在2020年3月，该公司突然宣布因未能找到比传统律师事务所更好的盈利模式而倒闭。无论是受制于人工智能技术水平还是囿于人工智能与法律服务的结合模式，Atrium的倒闭反映了在法律专业服务智能化过程中面临的困境。即便如此，不可否认，人工智能与专业法律服务的结合正在迅速发展，成为重复、流程密集、可标准化的高价值法律工作组成部分，涉及商业（公司和财务尽职调查，财产报告）、争议解决（电子发现）、合同（文件汇编，起草和分析）和咨询（研究和报告编写，合规）等服务项目。这种合法的B2B人工智能与更传统的办公自动化软件的区别在于它能够以无脚本的方式理解、学习和交流。它的4个主要特征可以描述为：①自然语言用户界面，任何用户都可以用简单的英语输入或说出他们的问题；②情境感知机器学习，在用于客户项目的大得多的数据集之前，系统可以在较小的测试（"种子"）数据集上进行训练；③机器从用户反馈中学习，所以下次问同一个问题时，它的答案会更好；④提供

---

[1] MELANIE M REID. Rethinking the Fourth Amendment in the Age of Supercomputers, Artificial Intelligence, and Robots [J]. West Virginia Law Review, 2017, 119 (3): 863-890.

商贷与联合测试的服务平台。对于受监管的公司而言，使用第三方人工智能平台（但不是公司专有的平台）来代替公司员工开展的工作可能会被视为"外包"。根据《律师监管局行为准则》（SRA 行为准则），公司必须确保外包不会对合规性产生不利影响，不改变对客户的义务，并且受律师监管局或其代理人从"第三方"提供者处获取信息，检查或进入第三方"提供商"的合同安排。目前，在法律服务中使用人工智能尚处于测试或应用初期，因为获取正确的输入数据并正确调整数据集，然后将经过训练的数据集正确应用于生产工作中，这一过程也有很大的工作量。

当前，人工智能对法律行业的影响才刚刚开始，未来人工智能的法律化发展将呈现如下趋势：①法律检索方式将从自动化走向智能化；②法律文件将实现自动化生成；③在线法律服务、法律机器人等服务模式促使法律服务走向标准化、商品化，进而使得法律服务的质量普遍高效化、专业化、定制化；④案件预测被广泛应用，深刻影响当事人的诉讼行为和法律纠纷的解决；⑤智慧法院、在线法院、人工智能法律援助日益发展壮大，确保了司法的公平正义，帮助消除司法鸿沟；⑥人工智能和机器人成为法律系统的基本入口；⑦律师市场评价将使法律行业更加透明，但也极易引发"马太效应"；⑧计算法律、算法裁判，或将成为法律的终极形态；⑨法律人工智能职业将作为法律行业的新兴职业而不断涌现；⑩法律教育与人工智能等前沿信息科学技术将日益密切结合起来。①

在人工智能发展的驱动下，法律的人工智能化可能遍及立法、司法、执法等各个领域。法律的人工智能化在智慧司法中的运用是否应当是"有限智能化"？人工智能发展始于数据、终于算法，这个过程既涉及数据来源的可靠性问题，也涉及数据使用、算法"黑箱"所带来的安全隐患和隐私权侵权风险。无论是智慧立法、智慧执法还是智慧司法，均需要在道德伦理与法律实践之间找到"向善"的平衡点。

---

① 曹建峰."人工智能+法律"十大趋势[J].机器人产业，2017（5）：86-96.

第二节 人工智能应用于法律领域

人工智能和法律在许多层面上相互交叉。人工智能通过使律师在工作中更有效率或通过自动化一些法律服务不仅影响法律实践，而且影响法律本身。人工智能挑战传统的法律概念，因此法律需要适应。这种适应将需要继续并与人工智能的新发展相对应。同时，该法律将通过制定新的标准、指南及各种人工智能应用领域的发展规范来塑造人工智能的发展。需要进行广泛的法律研究，以识别在我们的日常生活中运用人工智能和机器人的社会影响。法律人工智能化过程存在如下问题。

第一，法律术语、法律解释的标准化问题。利用人工智能进行法律检索或司法裁判等法律活动的基础是在人工智能系统中载入了准确的基础数据，这里的基础数据就是可以被机器识别的"法言法语"。因此，在法律的人工智能化过程中，必须先解决以下具体问题：其一，人工智能法律语言的规制；其二，人工智能法律解释的规制；其三，人工智能法律推理系统的规制。[①] 现有法律语言存在模糊性，不同学者对法律概念的内涵和外延认知有差别，对某一法律问题的理解可能在法律职业共同体内部就有多种解释，而机器语言只做单向的精确推理，如需穷尽推理结果，必须在法律语言的确定性、法律解释的一致性和法律推理的多维性等方面预先加以规制。

第二，数据垄断问题。当前，互联网公司迅速发展，但相应的法律规制相对滞后。企业往往抢先一步，先于政府掌握了消费者的各类个人信息。进而，事情发生了反转，公权力部门为了破案、决策，不得不求助于这些企业来获得公民的基本信息。数据过多地集中于少数占主导地位的互联网公司，实际即控制了这些数据。在这种失衡的情况下，一方面政府的公权力一定程度上被削弱；另一方面公民的隐私权存在侵权风险，甚至会威胁到整个社会体系的安全。

第三，司法公正问题。随着人工智能介入法律服务程度的加深，一方面要

---

① 张清，张蓉."人工智能＋法律"发展的两个面向[J]. 求是学刊，2018，245（4）：97–106.

强调人工智能对法律服务的提升作用；另一方面也需要确保法律的正义和公平价值能符合人们对其的惯常理解，不应出现偏见、滥用和扭曲。

在使用数据方面，遵循目的明确、最少够用、公开告知、知情同意等基本原则，通过数据使用主体权限、数据使用者登记备案、数据使用流向注入标签水印等方式严格规范数据使用，对于滥用数据或窃取使用数据的行为，在查明责任主体的前提下，以民事和刑事责任予以规制。

第二篇

未雨绸缪：细数各国人工智能发展战略政策与规划

面对人工智能的巨大潜力，各国纷纷提出人工智能发展战略，布局人工智能产业，培养人工智能技术人才，意在新一轮产业革命曙光初露时，抢占时代先机、发展先机。全球人工智能竞赛呈现多线展开，重点发展并日趋激烈的趋势。人工智能技术迅猛发展的同时，新技术的社会风险也初露端倪，如人工智能法律地位及责任承担、知识产权争议、个人数据和信息安全等争议亟须探讨破解。面对风险挑战，各国也加快了人工智能相关立法的步伐以规制与适应风险和挑战。本篇将依次梳理美国、欧盟、英国、日本、韩国及中国近年的人工智能发展政策及立法文件（图2-1），提炼各国普遍关注的人工智能发展领域及相关风险并预测未来法律与政策的发展方向。

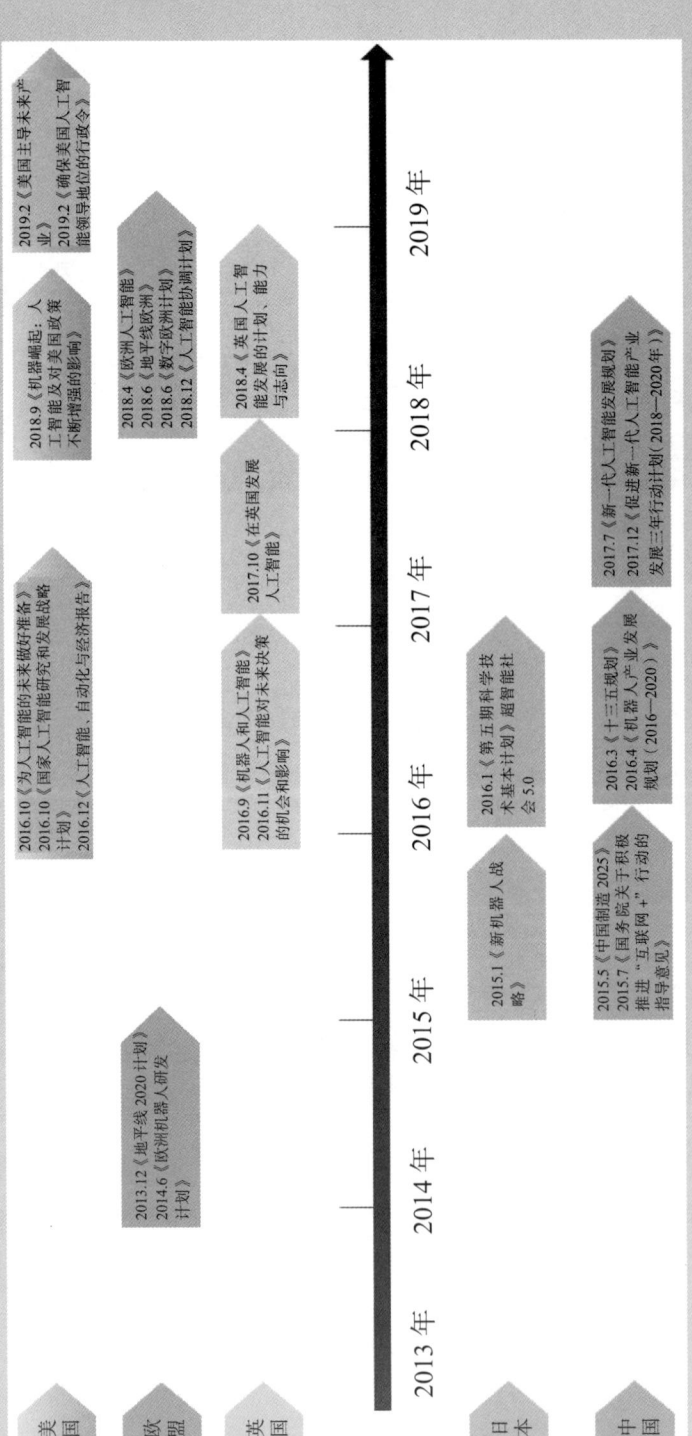

图 2-1 各国人工智能发展规划重要文件

●・・・第四章

从摇摆到回归：美国政府人工智能布局趋向积极

第一节 美国政府人工智能布局的关键机构

众所周知，美国是典型的三权分立国家，总统和国会在行政决策上相互角力，大多数重要行政职位的任命需要国会首肯。美国总统行政办公室（Executive Office of the President，EOP）则比较特殊，这是总统直属办事机构，诸多职位由总统直接任命且享有行政特权（即立法机关和司法机关无权要求披露与行政相关的信息），专门对总统负责。EOP 在 1939 年由著名总统富兰克林·D·罗斯福设立，扮演着美国总统向民众传达信息的沟通渠道，发展至今职责范围趋于广泛，包括推动美国海外贸易、为总统科技政策出谋划策等。EOP 中较为公众所知的下属机构包括美国贸易代表办公室、白宫办公室等。1976 年，国会设立白宫科技政策办公室（Office of Science and Technology Policy，OSTP），隶属 EOP，旨在为总统及总统行政办公室的其他部门提供有关经济、国家安全、国土安全、健康、外交关系、环境、技术变革和资源使用等方面的政策建议，是总统决策的重要智囊团，其中科学与技术委员会为人工智能发展建言献策。国家科学与技术委员会（National Science and Technology Council, NSTC）新成立的机器学习与人工智能分委会（the Subcommittee on Machine Learning and Artificial Intelligence, MLAI）和网络与信息技术研究发展分委会（the Networking and Information Technology Research and Development Program, NITRD）是美国政府推动人工智能产业布局的两个主要机构（图2-2）。

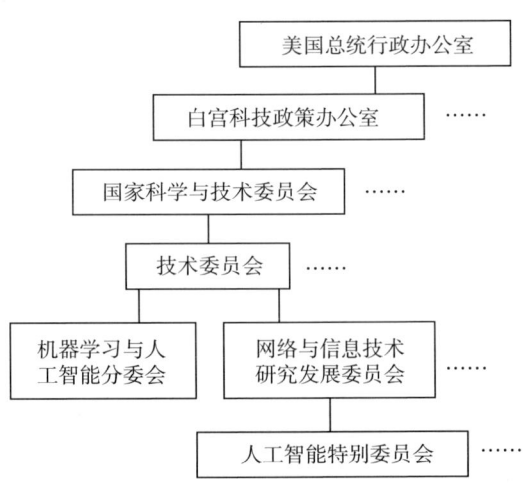

图2-2　美国政府人工智能机构布局

机器学习与人工智能分委会成立于2016年，分委会的主要目标是密切关注联邦政府、私营企业和国际范围内机器学习与人工智能最新技术动向，预测人工智能技术发展中的重要里程碑并协调人工智能与机器学习理论与实践应用的结合。分委会还将为机器学习和人工智能方面的联邦研究和发展优先事项提供咨询建议。基于分委会的成立目标，分委会的职能涵盖机器学习和人工智能领域动态研究、部门协调、人才培养等各项事务。具体包括7项：一是向总统办公室及其他机构提供有关机器学习与人工智能的政策咨询；二是机器学习和人工智能在联邦政府内的应用和交流；三是为NITRD负责的机器学习和人工智能相关的网络和信息技术研究提供支持和咨询；四是推动联邦机构协调确定和解决与机器学习和人工智能相关的研究、测试、标准、教育、培训、隐私和外展需求等重要科学和技术政策问题；五是保证机器学习及人工智能人才在美国

STEM① 劳动力中占有相当比例；六是与 NITRD 合作定期更新机器学习与人工智能战略计划；七是定期向相关官员报告情况。从分委会代表构成看，涉及部门十分广泛，包含来自美国商务部、教育部、能源部、司法部、劳动部、交通部等 19 个部门的代表，还包括总统行政办公室下副总统办公室、国家安全委员会等 7 个下属机构的代表。虽然机器学习与人工智能分委会级别并不高，但职权范围广，涉及部门多，是美国人工智能政策研究中不能不关注的部门。②

不同于机器学习与人工智能分委会刚刚成立，网络与信息技术研究发展分委会成立于 1991 年，至今已有近 30 年历史。该分委会主要负责网络与信息技术研究发展计划，其成员也由 21 个为该计划提供资金支持联邦成员机构和部门的高级代表组成，涉及商务部、国防部、能源部、国土安全部、卫生与公众服务部 5 个部门下的 16 个机构及国家科学基金会、国家环保局、国家档案和记录管理局、国家航空和航天局及国家侦察办公室 5 个独立机构。该计划是美国历史最悠久、规模最大的正式联邦计划之一，旨在协调多个机构的活动，以解决多学科、多技术和多部门研发需求。21 个 NITRD 成员机构现在每年投入大约 50 亿美元用于研发计划，这些计划旨在开发先进的可供联邦政府及国家实际应用的网络和信息技术。由于人工智能与信息网络建设的密切联系，NITRD 与 MIAL 两个机构在美国人工智能技术和产业研究中协调扮演重要角色。③

此外，为加强联邦各机构在人工智能工作上的协调，OSTP 在 2018 年 5 月白宫的人工智能技术峰会上宣布组建人工智能特别委员会（Select Committee

---

① STEM 是科学（science）、技术（technology）、工程（engineering）、数学（mathematics）四门科目英文首字母简称，STEM 人才是美国知识经济时代重点培养对象，被视为美国保持全球竞争力的重要人力资源。
② NSTC.Charter of the subcommittee on machine learning and artificial intelligence committee on technology, national science and technology council [EB/OL]. (2016-05-04) [2019-07-02].https://www.whitehouse.gov/sites/whitehouse.gov/files/ostp/MLAI_Charter.pdf.
③ The Networking and Information Technology Research and Development Program. About the NITRD Program [EB/OL]. (2018-02-03) [2019-07-02]. https://www.nitrd.gov/about/index.aspx.

on Artificial Intelligence,SCAI）。这也是目前 OSTP 致力于人工智能技术发展而组建的最新机构。人工智能特别委员会由 NSTC 管理，初始成员来自商务部、国防部、能源部、国家科学基金会和国家情报总监办公室及 EOP 内部的国家安全委员会、联邦首席信息官办公室管理和预算办公室、科学技术政策办公室的代表。该机构旨在协调联邦人工智能相关工作，确保美国在这一领域的领导地位。特别委员会将协助 NSTC 提高与人工智能相关的联邦研发工作效率和生产力，特别是处理跨越机构界限的重大国家和国际政策事项。①

第二节 美国政府人工智能布局的重要文件

自奥巴马政府以来，美国便十分重视人工智能的顶层设计。2016 年，美国总统行政办公室及其下属机构接连发布 3 份研究报告，对人工智能报以极大关注。特朗普政府时期并未保持这一战略的延续性，美国国家层面人工智能的推进速度放缓②，但今年以来特朗普政府接连发布人工智能相关报告和行政令，或可反映美国回归主导人工智能时代的决心。

美国人工智能布局第一份重要报告是 MLAI 发布的《为人工智能的未来做好准备》（Preparing for the Future of Artificial Intelligence）③，这也是该机构发布的第一份与人工智能研究相关的报告。该报告中，MLAI 介绍了人工智能的发展历程与现状，探讨了人工智能在公共物品、联邦政府、交通工具等领域的应用，评估了人工智能对人才培养、经济安全与经济发展、国际合作、网

---

① TAJHA CHAPPELLET-LANIER. White House announces creation of select committee on artificial intelligence [EB/OL]. (2018-05-10) [2019-07-02]. https://www.fedscoop.com/white-house-artifical-intelligence-committee-kratsios/.
② 产新君. 如何看美国宣告人工智能全球主导权？[EB/OL]. (2019-02-27) [2019-07-02]. https://mp.weixin.qq.com/s/JZy8k4cbi_TOyTfobPrA5g.
③ National Science and Technology Council. Preparing for the future of artificial intelligence [R/OL]. (2016-10-12) [2019-07-02]. https://obamawhitehouse.archives.gov/sites/default/files/whitehouse_files/microsites/ostp/NSTC/preparing_for_the_future_of_ai.pdf.

络安全及军事的影响，并提出了23条政策建议（表2-1）。MLAI主张鼓励私人及公共机构发展和运用人工智能技术，鼓励联邦机构将公开训练数据和数据标准放在优先位置并注重人工智能技术的实践和应用。MLAI建议政府开展与技术专家及相关行业的合作，加强对安全、研究及其他目的的数据共享，了解行业技术突破，追踪外国的技术发展动向，定期发布人工智能研究报告。具体应用方面，MLAI建议建立自动空中叫停管理系统，协调自动驾驶汽车和无人飞行器与现有交通制度的矛盾。MLAI还强调了人工智能方面的人才培养、伦理教育及国际合作。值得一提的是，MLAI评估了人工智能特别是强人工智能伦理风险对政策导向的影响，认为对强人工智能风险的长期担忧几乎不对当前政策产生任何影响，事实上无论人工智能风险是否被证实，有关该领域的中短期规划并不会有明显改变。MLAI同时认为防范风险的最好办法是着手解决已初现端倪的人工智能风险，如隐私和安全风险等。MLAI对人工智能发展的态度十分积极。

表2-1 《为人工智能的未来做好准备》中23条建议概览

	人工智能在公共领域
建议1	鼓励私人和公共机构研究是否及如何以有利于社会的方式负责任地利用人工智能和机器学习。社会争议机构和公共政策机构通常不会在其工作中使用先进技术和数据科学，但应考虑如何与人工智能研究人员和从业人员建立伙伴关系，将人工智能应用于目前用其他方式解决的更广泛的社会问题
建议2	联邦机构应当将人工智能中的开放式培训数据和开放式数据标准放在优先地位。政府应当强调数据在利用人工智能解决社会问题中的重要性。可能的步骤包括通过制订"人工智能开放数据"倡议，实现发布大量政府数据集的目的，加速人工智能研究，促进开放数据标准在政府、学界和私营部门的使用和实践
	人工智能在联邦政府
建议3	联邦政府应探索提高关键机构将人工智能用于其任务的方法。例如，联邦机构应当探索创建类似于联邦高级研究计划局这种的计划，以支持高风险、高回报的人工智能研究及其应用，就像教育部创建专项高级教育研究项目以支持用于确定人工智能及其他技术是否显著提高学生的学习效果

续表

建议4	机器学习与人工智能分委会和网络与信息技术研究发展分委会应当为政府的人工智能从业者建立一个实践社区。各机构应当共同致力于发展和分享在政府运作中使用人工智能的标准和最佳做法。各机构应当确保在联邦雇员培训项目中引入人工智能内容
人工智能规范	
建议5	各机构在制定利用人工智能技术的产品的规制政策时，应当适当引进高级技术专家。对利用人工智能技术的产品进行有效监管需要机构领导、熟悉现有监管框架和监管实践的员工及具有人工智能知识的技术专家相互合作。机构领导应当采取措施招聘或在现有工作人员队伍中挑选必要的技术人才，并确保在规制政策讨论中技术专家有足够的技术"席位"
建议6	各机构应当使用全方位的人事分配和交换模式（如招聘机构）来培养对当前技术发展状况有更多不同看法的联邦工作人员
建议7	交通部应与行业和研究人员合作，增加用于安全、研究和其他目的的数据共享方法。鉴于人工智能未来在地面和空中的重要性，联邦机构应在短期内建立并丰富数据集，以便这些技术成熟时更好地为决策提供信息。数据收集中应当注意保护消费者隐私
建议8	美国政府应当投资开发和实施高度可扩展的，可以完全适应无人或有人驾驶飞行器的自动化空中交通管理系统
建议9	交通部应继续发展监管框架，以便将全自动车辆和无人驾驶飞行器（包括新型车辆设计）安全地整合到公共交通系统中
研究和工作	
建议10	网络与信息技术研究发展分委会的机器学习和人工智能小组应当监测人工智能的发展并定期向行政部门高级领导报告人工智能进展，特别是具有里程碑意义的情况。随着知识的进步和专家共识的变化，小组委员会应当随时更新里程碑清单，并酌情考虑向公众披露人工智能的发展
建议11	政府应监控其他国家的人工智能发展，特别是里程碑式发展情况
建议12	行业应与政府合作，让政府随时了解人工智能在行业中的总体进展，包括可能即将取得的里程碑式进展
建议13	联邦政府应优先考虑基础和长期的人工智能研究项目。如果联邦政府和私营企业在人工智能研发领域长期稳定地投入研发资金，将使整个社会受益。基础研究和长期研究是私营部门不太可能投资的领域，因此联邦投资对于这些领域的研发非常重要

续表

建议 14	国家科学与技术委员会机器学习与人工智能分委会和网络与信息技术研究发展分委会应与其下属科学、技术、工程和教育委员会联合,发起关于包括人工智能研究人员、专家和用户的人工智能劳动力队伍的研究,以采取措施确保合理的劳动力数量、规模和多样性
	人工智能、自动化和经济
建议 15	总统办公室后续应在年底前出台关于人工智能和自动化对美国就业市场的影响及对策的报告
	公平、安全和治理
建议 16	利用基于人工智能的系统进行决策或提供决策支持的联邦机构在以此为依据决定个人事宜时应当特别重视这些系统的效率和公平,利用经验依据予以验证
建议 17	资助州政府或地方政府使用人工智能系统对个人事宜进行决策的联邦机构应当审查资金的使用,确保资金用于购买能够有足够决策透明度的人工智能产品和服务,并有证据证明决策是效率和公平兼备的
建议 18	学校和大学的人工智能、机器学习、计算机科学和数据科学的课程中应当包括伦理教育,涉及安全、隐私方面的主题
建议 19	人工智能和安全领域专业人员及其所在专业协会应当共同致力于人工智能安全工程领域走向成熟
	全球合作和安全
建议 20	美国政府应当在政府层面建立人工智能国际参与战略并制订需要国际参与与监督的人工智能专题清单
建议 21	美国政府应当加深与人工智能领域国际主要利益攸关方的接触,包括外国政府、国际组织、工业界、学术界和其他团体,促进人工智能方面的信息交流和研发合作
建议 22	机构的计划和战略应考虑到人工智能与网络安全的相互影响。参与人工智能问题的机构应当向美国政府和私营部门的网络安全部门确保人工智能系统及其生态系统在应对智能对手时能够保持安全性和适应性。参与网络安全问题的机构应当向美国政府和私营部门的人工智能部门确保以创新方式将人工智能用于有效且高效的网络安全中
建议 23	美国政府应在政府层面制定统一的、符合国际人道主义法的自动和半自动武器政策

《为人工智能的未来做好准备》发布不久,NITRD 便发布了《国家人工智能研究和发展战略计划》(The National Artificial Intelligence Research and Development Strategic Plan)。该计划确定了联邦资助人工智能研究的 7 项重

大策略，分别是：第一，对人工智能研究的长期投资；第二，发展人类与人工智能有效合作的方案；第三，理解并解决人工智能的伦理、法律和社会影响；第四，确保人工智能系统的安全可靠；第五，建立人工智能测试及培训所需的公共数据集与环境；第六，制定标准和基准以测量和评估人工智能技术；第七，更好地了解国家人工智能人力需求。《战略》最后提出两个方面建议：一方面，推动建立一个人工智能研发实施框架，以抓住科技机遇，并支持人工智能研发投资，该建议对应上述第一至第六项策略；另一方面，研究创建和维持一个健康的人工智能研发队伍的国家愿景，这针对的是第七项策略。①

作为对该报告的补充，OSTP 于 2016 年 12 月 20 日，发布《人工智能、自动化与经济报告》（Artificial Intelligence, Automation, and the Economy）。该份报告指出，人工智能技术的发展将推动产业自动化进程，这将对个人、经济及社会发展带来影响。报告指出，虽然很难预测哪些产业将立即受到人工智能自动化进程的影响，但人工智能在短期内对劳动力市场的影响将延续近几十年来计算机化和通信创新推动的趋势。研究人员对未来 10 年或 20 年内受威胁工作规模的估计在 9%～47%。针对人工智能对就业的影响，报告提出 3 项战略。首先，投资和发展人工智能有诸多益处，因而政府对人工智能的发展和应用应当持乐观态度；其次，为人工智能时代的工作岗位需求教育和培训各年龄层的美国公民；最后，向转型中的工人提供帮助并赋予权利以共享人工智能带来的经济增长益处。②

上述 3 份报告奠定了美国人工智能发展的基本格局。从报告内容看，美国人工智能布局思路有一致性。首先，虽然报告承认人工智能发展存在潜在风险，

---

① National Science and Technology Council. The National Artificial Intelligence Research and Development Strategic Plan[R/OL]. (2016-10-20) [2019-07-02]. https://www.nitrd.gov/PUBS/national_ai_rd_strategic_plan.pdf.
② Executive Office of the President. Artificial intelligence, automation, and the economy[R/OL]. (2016-12-20) [2019-07-02]. https://obamawhitehouse.archives.gov/sites/whitehouse.gov/files/documents/Artificial-Intelligence-Automation-Economy.PDF.

但仍然对人工智能发展持积极态度并特别强调人工智能技术转化为实际应用。其次,报告鼓励美国政府加快培育适合人工智能发展的技术环境,包括技术人才的培养和数据的收集。再次,意识到人工智能可能带来安全伦理风险和对就业市场产生冲击,为此特别强调职业教育、伦理教育及法律规范。最后,考虑到人工智能技术的发展涉及国防部、商务部、科技部等诸多部门,美国政府通过建立专门机构,协调各机构的人工智能工作。

美国积极的人工智能战略趋势在特朗普政府伊始有所转向。由于特朗普政府强调改善就业,这与人工智能的发展存在一定矛盾,因而其上台后在民用人工智能技术领域开始寻求一种截然不同的、自由市场导向的人工智能战略。[1]2018年9月25日,美国众议院监督和政府改革小组委员会(House Oversight and Government Reform Subcommittee)签发题为《机器崛起:人工智能及对美国政策不断增长的影响》(Rise of the Machines-artificial Intelligence and its Growing Impact on U.S. Policy)[2]的AI白皮书,再次强调了人工智能发展与就业平衡的问题,强调增加教育和工人培训支出。

不同于对人工智能民用领域的谨慎与避免过多干预的态度,在国防领域,特朗普政府动作频频。2017年4月美国国防部签署关于成立"算法战跨职能小组"(Establishment of an Algorithmic Warfare Cross-functional Team,AWCFT)的备忘录[3],旨在加快国防部融入人工智能与机器学习技术的速度,将国防部大量数据快速转化为具有实际价值的情报及思路。次年6月,国防部又成立联合人工智能中心(JAIC)以监督所有服务国防机构的人工智能工作。2018年8月,

---

[1] 产新君. 如何看美国宣告捍卫人工智能全球主导权?[EB/OL]. (2019-02-27) [2019-07-02]. https://mp.weixin.qq.com/s/JZy8k4cbi_TOyTfobPrA5g.

[2] Subcommittee on information technology committee on oversight and government reform U.S. house of representatives. Rise of the machines: Artificial Intelligence and its growing impact on U.S. policy[R/OL]. (2018-09-25) [2019-07-02]. https://www.innovation4.cn/library/r31335.

[3] Deputy secretary of defence. Memorandum for establishment of an Algorithmic Warfare Cross-Functional Team[R/OL]. (2017-04-26) [2019-07-02]. https://www.govexec.com/media/gbc/docs/pdfs_edit/establishment_of_the_awcft_project_maven.pdf.

美国国防部高等研究计划局（DARPA）启动新的 AI 投资计划，计划未来 5 年投资 20 亿美元，用以推动 AI 在沟通理解和逻辑推理方面的研究。2018 年 11 月发布的《2019 财年国防授权法案》延续了美国政府重视高新技术对美国国家安全的影响。根据该法案，美国将增加人工智能、机器学习和超自然力计划方面资金投入，加速其研发和应用。

近来，特朗普政府对民用领域的人工智能态度回归国家干预和优先发展。2019 年 2 月 7 日，美国发布《美国主导未来产业》（America Will Dominate the Industries of the Future）[1] 发展规划，人工智能技术被视为确保美国领导地位和改善美国国土安全的五大关键技术之一。仅仅 4 天之后，特朗普总统签署了《维护美国人工智能领导地位的行政命令》（Executive Order on Maintaining American Leadership in Artificial Intelligence）[2]，发出美国人工智能倡议（American AI Initiative）。该倡议是特朗普政府发布的首份国家 AI 战略，旨在举全国之力，通过加强政府投资、资源开放、标准制定、人才培养和国际合作等方式，捍卫美国在人工智能领域的全球主导权。显然，人工智能的发展又回到美国领导世界的价值观。可以预见，在特朗普总统任期后半段将坚持积极发展人工智能技术，抢占战略先机的方针。

第三节　美国应对人工智能潜在风险的主要法律

从发布的人工智能研究报告来看，美国政府强调以伦理教育和法律规制防范人工智能发展的潜在风险。目前，美国联邦和州层面均出台相关法案规范人

---

[1] DONALD J TRUMP. America will dominate the industries of the future [R/OL]. (2019-02-07) [2019-07-02]. https://www.whitehouse.gov/briefings-statements/america-will-dominate-industries-future/.
[2] The White House.Executive order on maintain American Leadership in artificial intelligence [EB/OL]. (2019-02-11) [2019-07-02]. https://www.whitehouse.gov/presidential-actions/executive-order-maintaining-american-leadership-artificial-intelligence/.

工智能风险，涉及数据隐私保护、自动驾驶和算法歧视等问题。

美国一向重视隐私权立法。例如，美国1974年制定的《联邦隐私权法》是保护个人隐私权的基本法，随后又于1986年通过《联邦电子通讯隐私法》，2000年出台《儿童网上隐私保护法》，此外还颁布了《公民网络隐私权保护暂行条例》《个人隐私与国家信息基础设施》等法律。2018年美国又出台《澄清合法使用境外数据法》（Clarifying Lawful Overseas Use of Data Act，简称CLOUD Act），赋予美国执法部门通过服务提供者获取储存于境外的电子数据，同时承认"适格外国政府"通过服务提供者对储存于美国的电子数据的获取。该法案出台的诱因是美国政府诉微软公司案（United States v. Microsoft Corp. 138 S. Ct. 1186）。2013年12月，美国执法人员在一起贩毒案件中得到法院签发的搜查令要求微软公司披露某位邮件用户的信息。由于该邮件用户的信息储存在爱尔兰的数据中心，微软认为应当通过司法协助请求爱尔兰当局调取信息，拒绝直接披露邮件内容。双方就此诉至美国法院，案件从纽约地区法院一路诉至最高法院。最终，由于CLOUD法案生效，政府部门根据该法案取得了新的搜查令，案件也没有继续审理的法律意义。该法案的出台标志着美国电子数据获取的模式由"数据储存地模式"转为"数据控制者模式"。换而言之，美国政府可以直接向本国数据控制者要求披露其控制的信息，无论该信息储存在哪个国家的信息中心。

随着自动驾驶汽车的出现，美国对自动驾驶的规制也不断推进。2013年美国道路交通安全局发布《自动驾驶汽车的基本政策》，对自动驾驶汽车测试事故的责任承担做出规定。根据该规定，车辆在被第三方改造为自动驾驶车辆后，测试过程中导致财产损失、人员伤亡的，车辆的原始制造商不对自动驾驶车辆的缺陷负责，除非有证据证明车辆在被改造为自动驾驶车辆前已存在缺陷。[①]2017年9月，美国众议院一致通过美国首部自动驾驶汽车法案（H.R.3388）——

---

① 工业和信息化部赛迪研究院. 美欧国家推动人工智能发展的法律规定[R/OL]. (2018-01-25) [2019-07-02]. http://www.ccidwise.com/uploads/soft/120813/1-1P223121043.pdf.

《确保车辆演化的未来部署和研究安全法案》（Safely Ensuring Lives Future Deployment and Research in Vehicle Evolution Act），也称《自动驾驶法案》，首次对自动驾驶汽车的生产、测试和发布进行管理。《自动驾驶法案》的首要目标是为自动驾驶汽车监管在联邦政府层面确立框架。法案主要是对《美国法典》（United States Code）第49条交通运输（Transportation）里面相关法条的修正，该修正案全文包括13个章节，其中比较关键的是第四章、第五章和第六章内容，这3章提出的自动驾驶汽车的安全标准、网络安全要求及豁免条款。然而部分参议院议员认为，该法案不足以消除安全方面的担忧，因此该法案尚未在参议院获得通过。①

此外，算法歧视风险是人工智能时代的突出问题。2017年12月美国纽约州通过《算法问责法案》，以解决算法歧视问题。根据该法案，纽约市将成立专门小组，监督市政机构使用的自动决策算法的公平性、问责性和透明度，帮助公众了解市政机构自动化决策的过程，并就如何改进算法问责制和避免算法歧视提出建议。② 小组成员包括自动决策系统专家和受该系统影响的普通公民。

美国从机构设置、战略规划和法案制定3个维度布局人工智能发展，对技术发展呈积极鼓励研发的态度。在人工智能时代，美国仍有强烈的全球领导意识。同时，从发布的报告和出台的法规来看，美国也十分重视防范人工智能可能带来的社会风险，如失业率提高、数据入侵和隐私权侵犯等问题。无论在人工智能的技术发展方向还是风险防范方面，美国的动态都值得持续关注。

---

① 目前该法案的状态是已提交至参议院二读，并移交参议院商业科学和运输委员会。可参见：https://www.congress.gov/bill/115th-congress/house-bill/3388/all-actions?overview=closed#tabs[2020/07/21].
② 腾讯研究院.2017年全球人工智能政策十大热点[EB/OL].(2017-12-30)[2019-07-02].http://www.sohu.com/a/213661052_455313.

◉ ···· 第五章

发展与规制并举：欧盟人工智能布局重视法律规范

作为传统技术强势地区，欧盟在人工智能发展的布局中都不甘落后，特别是在人工智能相关立法方面，欧盟进行了大胆的尝试，积累了宝贵的立法经验。

第一节 欧盟人工智能发展计划

欧盟通过各专项计划，增加对人工智能研发领域的资金支持。2013 年 12 月，欧盟委员会启动"地平线 2020"（Horizon 2020）计划①（图 2-3），该计划周期 7 年，总预算达 770 亿欧元，旨在帮助科研人员实现科学研究上的新发现、突破和创新及促进技术从实验室到实际应用的转化，人工智能相关技术也列入支持计划中。2018 年，欧盟拟将 3 年内的人工智能研究和创新投资增加到 15 亿欧元，并希望借此带动大数据和机器人产业方面 25 亿欧元的社会资本投入，到 2020 年年底，欧盟对人工智能的公共和私人投资拟达到 200 亿欧元。2018 年 6 月，

---

① 地平线 2020 计划是欧盟委员会在 2008 年以后为改变欧洲经济颓势制定的"欧盟 2020 发展战略"的配套创新政策工具。关于地平线 2020 计划的内容介绍可参见计划网址：https://ec.europa.eu/programmes/horizon2020/en/what-horizon-2020.

欧盟委员会发布"地平线欧洲"（Horizon Europe）计划（图2-4）提案接替"地平线2020"计划，提出欧盟在2021—2027年的研发和创新框架，根据该计划欧盟总投入拟达到1000亿欧元，人工智能相关的公共投入也将大幅增加。

图2-3 "地平线2020"计划

（图片来源：https://cn.bing.com/th?id=OIP.e7fjhPh6sqOt4mGtE2_yjwHaFn&pid=Api&rs=1&p=0）

图2-4 "地平线欧洲"计划

（图片来源：https://ied.eu/blog/horizon-europe-key-novelties/）

2014年6月，欧盟委员会与欧洲机器人协会（Eu Robotics）合作推出《欧盟机器人研发计划》（SPARC）[1][2]，目标是在工厂、空中、陆地、水下、农业、健康、救援及其他诸多领域应用机器人，保持欧盟在机器人等高科技领域的技术优势。根据该计划，欧盟委员会和欧洲机器人协会分别出资7亿欧元和21亿欧元，力促SPARC成为全世界最大的民间资助机器人创新计划，该计划也被纳入地平线2020战略中。欧盟期待通过该计划成为联盟内各国新的经济增长点，促进欧洲机器人行业的发展，赢得更多世界机器人市场的份额，并为各国提供

---

[1] 石月. 欧盟的追赶：解读《欧盟机器人研发计划》[EB/OL]. (2017-01-16) [2019-07-02]. https://www.tisi.org/4797.

[2] Strategic research agenda for robotics in Europe [R/OL]. (2013-10-11) [2019-07-02]. https://ec.europa.eu/research/industrial_technologies/pdf/robotics-ppp-roadmap_en.pdf.

在工业、服务机器人制造领域、机器人组件和软件制造及欧洲服务行业提供就业岗位。显然，人工智能战略已经融入并服务于欧洲复兴规划。

2018年以来，欧盟对人工智能的投入力度进一步加大。2018年6月，欧盟委员会提出数字欧洲计划（Digital Europe Programme for the Period 2021—2027）[1][2]。根据该计划，欧盟拟在2021—2027年在超级计算机、人工智能、网络安全与信任、前沿数字技术及确保在经济和社会中广泛使用数字技术五大领域投资92亿欧元以塑造和支持欧洲社会和经济的数字化转型。欧盟还建议开发所有人都可以访问的通用"欧洲图书馆"算法。该项计划将与地平线欧洲计划一起确保欧盟各国在人工智能、机器人、高性能计算和大数据领域的协同发展。根据欧盟报告，其中25亿欧元的投资将直接投资人工智能领域，包括加强和支持会员国现有的人工智能测试和试验并鼓励会员国之间的合作；建立并加强企业和公共管理对人工智能的使用；推进大数据和算法的安全访问和存储等工作。欧盟同时指出，数据技术在为公民提供连接和传播信息的新机会的同时也带来网络攻击和欺诈、数据窃取乃至破坏国家稳定的风险，因此投资网络安全至关重要。

2018年4月，欧盟委员会发布《欧盟人工智能》（Artificial Intelligence for Europe）[3]。欧盟在人工智能战略文件中提出了三大目标，反映了欧盟在人工智能发展上的基本思路。首先，欧盟将继续增强技术和产业能力，特别是推动人工智能技术从实验室走向应用，转化为实际生产力。为此，除了在各计划

---

[1] European Comission. Proposal for a regulation of the European Parliament and of the council establishing the digital Europe programme for the period 2021—2027[R/OL]. (2018-06-06) [2019-07-02]. https://eur-lex.europa.eu/resource.html?uri=cellar:321918fd-6af4-11e8-9483-01aa75ed71a1.0003.03/DOC_1&format=PDF.

[2] European Comission. Investing in the future digital transformation 2021—2027 [R/OL]. (2018-06-06) [2019-07-02]. https://ec.europa.eu/commission/sites/beta-political/files/budget-june2018-digital-transformation_en.pdf.

[3] European Comission. Artificial Intelligence for Europe [R/OL]. (2018-04-25) [2019-07-02]. https://ec.europa.eu/digital-single-market/en/news/communication-artificial-intelligence-europe.

中频频提及的增加公共投资，欧盟还拟打造人工智能研究中心，在医疗健康和交通运输等领域进行人工智能试验。欧盟特别强调要使中小企业和个人用户从人工智能中获益，避免人工智能技术扩大数据鸿沟。此外，与美国相似的，欧盟也意识到人工智能技术进步需要数据支持，因此拟加强数据开放，营造适合人工智能发展的数据共享环境。其次，欧盟将为迎接人工智能带来的社会经济变革做准备。虽然人工智能将为欧洲带来新的经济增长点，但也可能会牺牲一部分劳动者现有的工作。欧盟将与欧洲社会权利协会（European Pillar of Social Rights）等机构为受人工智能影响的劳动者提供社会保障和技能培训，使这些劳动者能重返就业岗位。此外，欧盟也将加大针对性的教育投入，为欧洲人工智能发展培养技术人才。最后，欧盟将致力于营造人工智能发展和应用的良好伦理和法律环境。例如，2018年12月，欧盟的人工智能高级专家组（High-Level Expert Group on Artificial Intelligence，AI HLEG）发布《可信赖的人工智能伦理指南草案》（Draft Ethics Guidelines for Trustworthy AI）[1]，正式指南在2019年4月出台。根据该指南草案，专家认为人工智能的发展、部署和应用中应当尊重人类基本权利、原则和价值观。该报告还提出人工智能伦理的5项原则，分别是福祉原则，即人工智能应用于改善社会福祉；无害原则，即人工智能从设计开始就不应伤害人类；自治原则，即人类不从属于也不受制于人工智能系统；公正原则，即确保人工智能开发中不歧视特定人或群体；透明运行原则，即人工智能系统应当是可审计、可理解的。[2]欧盟人工智能立法在全球处于领先水平，已经出台多部数据保护法律，还通过全球首个"关于制定机器人民事法律规则的决议"，探索机器人和人工智能民事立法，具体内容可参见本书相关章节。欧盟将陆续发布有关人工智能产品质量责任指导性文件及人工智能、物联网和

---

[1] 目前该法案的状态是已提交至参议院二读，并移交参议院商业科学和运输委员会。可参加：https://www.congress.gov/bill/115th-congress/house-bill/3388/all-actions?overview=closed#tabs[2020/07/21].

[2] 赛博安全．欧盟《可信人工智能伦理指南（草案）》介绍[EB/OL]．(2019-01-11) [2019-07-02]. https://www.secrss.com/articles/7781.

机器人研发方向、责任和安全框架报告。

作为《欧盟人工智能》的配套计划,欧盟在2018年12月发布《人工智能协调计划》(Coordinated Plan on Artificial Intelligence),[①] 以促进欧洲人工智能的研发和应用。该计划主题为"人工智能欧洲造"(AI Made in Europe)。该计划主要在以下4个关键领域发力：增加投资、提供更多数据、培养人才和确保信任。在计划下还提出联合行动,以促进成员国、挪威和瑞士之间更密切和有效的合作。按照计划,"人工智能欧洲造"有两大关键原则,一是"设计伦理"(ethics by design),即人工智能在设计进程之初就必须在《通用数据保护条例》基础上,遵守伦理和道德法律原则、竞争法等。二是"设计安全"(security by design),即人工智能在设计之初必须考虑保护网络安全和有利于相关执法活动的便利化。

第二节　欧盟人工智能风险防范的立法尝试

欧盟在人工智能风险防范的立法规制探索处于世界前列,已经出台多部法律探索对人工智能时代新技术和新事物的风险监管。

欧盟内部有严格保护数据和隐私的传统。1995年10月欧洲议会和理事会通过的《关于在个人数据处理过程中保护当事人及此类数据自由流通的指令》(Directive 95/46/EC on the protection of individuals with regard to the processing of personal data and on the free movement of such date)（以下简称《九五指令》）,构建了欧盟个人数据保护体系。根据该指令要求,欧盟成员国修改在个人数据保护方面国内法规以符合欧盟规定。此后,欧盟在2000年、2002年和2009年分别发布《关于与欧共体和组织的个人数据处理相关的个人保护以及关于此种数据自由流动的规章》《关于在电子通信领域个人数据处理及

[①] European Comission.Coordinated Plan on Artificial Intelligence [R/OL]. (2018-12-07) [2019-07-02]. https://ec.europa.eu/digital-single-market/en/news/coordinated-plan-artificial-intelligence.

保护隐私权的指令》《射频识别技术应用中隐私和数据保护原则的建议》三份规定。2016年，欧盟出台《一般数据保护条例》（GDPR），对《九五指令》的数据保护内容做了大幅的改变。GDPR全面加强了个人数据权利，重新定义个人数据授权，加强数据主体对自身数据的控制力。GDPR还赋予数据所有人被遗忘权和可携带权。所谓被遗忘权是指《九五指令》中删除权的升级版，用户可以撤回自己的个人数据且在用户撤回数据或数据控制者不享有数据后要求删除数据，还可进一步要求数据控制者通知处理该数据的其他控制者删除数据链接及复制版。可携带权则指用户可以向数据控制者索取用户自己的数据并决定其用途。此外，GDRP还要求数据控制者对赋予数据主体申请司法救济与赔偿的权利。欧盟将隐私和数据的保护上升到人权的层面，保护力度大于美国，对数据控制者保存、使用和传播数据都提出了更为严厉的规制措施。事实上，GDPR是迄今为止发达经济体通过的最为严格的数据保护规定。由于该规定的管辖范围不限于欧盟企业，任何在欧盟开展业务的企业均要遵守该规定，因此该规则客观上对其他国家的数据保护规范制定产生重要影响。

  欧盟还率先在机器人民事法律规范方面做尝试。2015年1月，欧洲会议法律事务委员会成立工作小组，专门研究人工智能与机器人发展的法律问题。2017年，欧洲会议法律委员会根据该工作小组的研究发布《向欧盟委员会就机器人民事法律规则提出立法建议的报告草案》（Draft Report with Recommendations to the Commission on Civil Law Rules on Robotics）[1]，同年发布《欧盟机器人民事法律规则》[2]。研究小组对欧盟机器人监管提出了一系列意见。第一，委员会呼吁欧盟成立专门负责人工智能和机器人监管的机构。第二，委员会提出

---

[1] European Parliament. Draft report with recommendations to the commission on civil law rules on robotics [R/OL]. (2016-05-31) [2019-07-02]. http://www.europarl.europa.eu/doceo/document/JURI-PR-582443_EN.pdf?redirect.
[2] European Parliament. European Civil Law Rules in Robotics[R/OL]. (2016-12-22)[2019-07-02]. https://publications.europa.eu/en/publication-detail/-/publication/19ea0f1c-9ab0-11e6-868c-01aa75ed71a1.

了针对人工智能科研的"机器人宪章（Charter on Robotics）"，主张机器人研发人员应当遵守人类利益、不作恶、正义、警惕性、包容性、可责性、安全性、可逆性、隐私等原则和要求。第三，委员会认为应当重构责任规则，建立强制保险机制和赔偿基金，分配机器人责任风险。一方面，对机器人适用强制保险机制，类似于机动车的强制保险，分担机器人的损害责任；另一方面，建立投资者、生产者和消费者等多方主体参与的赔偿基金。第四，委员会还提议随着机器人自主性不断提高赋予拥有特定水平自主性的机器人法律地位，论证承认电子人（electronic persons）法律主体地位的可行性和必要性。第五，委员会建议承认人工智能具有"独立智力创造"（own intellectual creation）的可能性。第六，委员会建议在设定人工智能和机器人政策时，应当完善设计保护隐私（privacy by design）、默认保护隐私（privacy by default）、知情同意、加密等概念的标准。此外，委员会还建议关注人工智能与机器人发展的社会领域，针对特定领域出台特定规则并加强国际合作等。[①] 2017 年 2 月 16 日，欧盟会议根据法律事务委员会的建议投票通过了全球首个"关于制定《机器人民事法规则》（Civil Law Rules on Robots）的决议"，并向欧盟委员会提出了起草立法规范人工智能风险的议案。

  人工智能对知识产权领域同样带来巨大冲击。2016 年 9 月，欧盟颁布《数字化单一市场版权指令》（Directive on Copyright in the Digital Singles Market）的草案，并于 2019 年 3 月由欧洲议会通过。该指令是欧盟版权改革的阶段性成果，其中有关数据技术下版权市场规制的相关规定颇受关注。例如，赋予新闻出版商对新闻数字化使用的邻接权，对网络服务商施以上传审查义务等。

---

① 曹建峰. 十项建议解读欧盟人工智能立法新趋势[EB/OL]. (2017-02-17) [2019-07-02]. https://www.tisi.org/4811.

第三节　欧盟国家人工智能产业布局与风险防范

欧盟成员国在欧盟的人工智能布局下各自有依据本国国情规划产业布局与立法规范。其中，德国在智能化时代的表现颇为引人瞩目。

素以工业闻名的德国颇为重视工业智能化和自动驾驶领域立法。2012年德国发布工业4.0[①]以"智能工厂"为中心，力求在智能化时代保持工业制造优势。该计划大力支持人工智能、工业机器人、物联网、云计算、大数据、3D打印等在内的技术。

德国在自动驾驶领域的立法也较频繁。德国不仅针对自动驾驶修改了道路交通法而且最早出台了自动驾驶道德伦理准则。根据德国《道路交通法第八修正案》，自动驾驶时驾驶员可以不对交通状况及车辆做出监控，但是须时刻保持清醒戒备状态准备随时接管；自动驾驶汽车的设计要求可以识别出需要驾驶员亲自操控的情形并在任何情况下可以由驾驶员决定关闭自动驾驶接管车辆或手动操作车辆。此外，该修正案还提高了责任人赔偿的最高金额限制。德国颁布的自动驾驶道德伦理准则，确立了自动驾驶的以下原则：道路安全优于出行便利；个人保护优于其他功利主义的考量；法律对技术的规制方式是在个人自由与他人自由及他人安全之间取得平衡；对人身权益的保护必须优先于对动物或财产权利的保护。此外，该准则还要求不得对于必须在两个人的生命之间做出选择的极端情况进行标准化设定或编程，避免陷入技术的伦理困境。目前，德国还在考虑将自动驾驶责任主体在一定条件下扩展到车辆设计者和生产者。

从欧盟的人工智能与机器人产业布局与法律规制看，欧盟在智能化时代坚持发展与规制并举的态度。欧盟在智能化时代技术发展方面预期投入大量资金并期待以此带动私人资本进入。欧盟对智能化抱有特别的期待，希望借此帮助欧盟各国走出经济困境。相较美国，欧盟在人工智能风险防控方面采取了更为

---

① 所谓工业4.0是指利用信息化技术促进产业变革的时代即智能化时代，1.0到3.0分别是蒸汽机时代、电气化时代和信息化时代。

谨慎和严格的态度,特别重视伦理规范和个人数据与隐私的保护。这与欧洲国家重视个人隐私的传统不无联系。从目前欧盟的各项举措看,欧盟不仅意图在技术发展方面占得先机而且有意在数据权益保护方面成为各国典范。

第六章 ····

营造适合人工智能发展的环境：
英国多方位支持人工智能发展

英国在机器人与人工智能发展浪潮中始终占据一席之地。最令英国人引以为傲的是本国著名数学家、逻辑学家艾伦·图灵（图2-5）被誉为"机器人之父""人工智能之父"，这也成为英国鼓励本国人工智能发展的重要宣传工具。自英国公投脱欧以来，英国重视构建属于本国的人工智能技术发展战略和管理体系。早在2013年，英国便将机器人和自动化系统（robotics and artificial intelligence）列为"八项伟大的技术"之一。而后，英国在人工智能产业发展和监管方面态度始终较为积极，孕育适合人工智能发展的土壤。

图2-5 艾伦·图灵
（图片来源：http://upload.lifeweek.com.cn/2012/0703/1341297688694.jpg）

2016年9月和11月英国下议院科学和技术委员会（The House of Commons' Science and Technology Committee）相继发布《机器人和人工智能》（Robotics and artificial intelligence）及《人工智能对未来决策的机会和

影响》（Artificial intelligence: opportunities and implications for the future of decision making）两份报告。《机器人和人工智能》报告分为4个部分，涉及经济与社会发展、伦理与法律问题及研究、基金和创新3个问题。该报告指出人工智能发展中应当注重安全和控制（safe and control）、管理与规制（governing: standards and regulations）。具体来说：其一，人工智能技术应当重视检验和确认，确保按照既定的算法程序运行；其二，决策系统还应当坚持透明化，应该设置可以追踪智能机器决策过程的机制；其三，决策中应当减少算法偏见；其四，保持数据安全和数据利用之间的平衡；最后，建议政府研究人工智能归责制度。后一份报告则如其标题所示，预测人工智能发展前景和潜力。根据该报告，专家认为人工智能不仅具有提高工业生产力的潜能还将在政府公共服务领域得到广泛应用。人工智能的大规模利用将不可避免地对劳动力市场产生冲击，不过考虑到新技术将会创造新的就业岗位，研究者对失业问题报以乐观的态度。研究者认为应当对劳动者施以技术培训以适用智能化时代对劳动者技能的要求。①

2017年10月，英国政府发布《在英国发展人工智能产业》（Growing the Artificial Intelligence Industry in the UK）的报告②。英国政府的目标是将英国打造成世界上最适合部署人工智能企业产生、发展和繁荣的国家。为此，英国下议院还建立了人工智能特别委员会。在报告中研究者认为应当从更大和更新的数据量、提供具有特定高水平技能的专家及提高计算能力3个方面提升未来的AI能力。为提高数据的数量和质量，应该提高数据信任度和可得性，使更多研究数据可读，以文本和数据挖掘作为研究的标准必要工具。为培养高水平的

---

① DANIT GAL. 人工智能各国战略解读系列之六《英国人工智能的未来监管措施与目标概述》[EB/OL]. 孙那，李金磊，译. (2017-04-22) [2019-07-02]. http://www.sohu.com/a/131665085_556637.
② DAME WENDY HALL, JÉRÔME PESENTI. Growing the artificial industry in the UK[R/OL]. (2017-10-15) [2019-07-02]. https://www.gov.uk/government/publications/growing-the-artificial-intelligence-industry-in-the-uk.

专家应当在大学中开设更多人工智能课程并提供奖学金支持，还应当吸引世界上不同背景的研究者。为提高计算能力应当注意技术向应用的转化，协调人工智能技术的发展，将艾伦·图灵研究所①建设成国家人工智能和数据科学研究所。2018年4月，人工智能特别委员会发布长达180页的报告《英国人工智能发展的计划、能力与志向》（AI in the UK: ready, willing and able?）②。这份报告基本延续了英国先前对人工智能发展的预测、态度与战略。报告首先指出英国有发展人工智能的良好环境，英国拥有领先的人工智能公司、充满活力的学术研究文化和初创生态系统，还有法律、文化、语言和金融方面的优势。报告重申数据是推动人工智能浪潮的重要因素，应该在数据公平访问和个人隐私保护之间保持平衡，这不仅要求开发新的数据保护框架和机制还要求防止大公司对数据的潜在垄断。此外，为保证对数据的充分监管，应当提高人工智能系统的可读性和透明性。报告认为应当培育适合人工智能发展的良好环境，例如，设立基金支持中小技术企业发展，增加技术领域投资，增加人工智能领域研究生招生指标，吸引海外人才等。报告也分析了人工智能可能带来失业率提高及人工智能致人损害责任分配不明的担忧等问题，不过对这些问题报以乐观态度。报告认为应该对劳动者提供适应于智能化时代劳动需求的培训，对人工智能的伦理风险则应当从对研发者的拘束出发，使研发者意识到他们的工作存在用于恶意目的和其他潜在伦理风险。

英国在多份报告中传递的人工智能发展思路是一致的，即集中力量营造适合人工智能发展的环境。为此，英国将加大对人工智能研发的资金投入，注重科研及其成果转化，吸引国内外高端人才，构建完备的人工智能相关规范及伦理守则，从资金、人力、政策和社会制度等各个角度支持英国迈向智能化。

---

① 2015年，英国工程和物理科学委员会（EPSRC）就联合剑桥大学、爱丁堡大学、牛津大学、华威大学与伦敦大学5所院校合作伙伴，以人工智能之父艾伦·图灵（Alan Turning）教授的名字命名，成立以大数据与人工智能技术为主要研究方向的艾伦·图灵研究所。
② The House of Lords. AI in the UK: ready, willing and able? [R/OL]. (2018-3-13)[2019-07-02]. https://publications.parliament.uk/pa/ld201719/ldselect/ldai/100/100.pdf.

第七章

谋求新一轮经济腾飞：日本希冀人工智能解决经济困境

日本经济发展受困于 20 世纪 90 年代经济泡沫对国家经济生态的伤害和人口老龄化的困境。作为机器人行业的领导者之一，日本将人工智能和机器人制造视为解决日本经济困境的重要机遇。2015 年年初，日本发布《新机器人战略》（也称《日本机器人战略：愿景、战略、行动计划》），提出日本机器人产业的三大目标，即"世界机器人创新基地""世界第一的机器人应用国家""迈向世界领先的机器人新时代"。2016 年，日本政府颁布《第五期科学技术基本计划》，其中提出超智能社会 5.0 的概念。所谓超智能社会 5.0 是指在狩猎社会、农耕社会、工业社会和信息社会以后的社会形态，该计划包括日本将社会推向智能化时代的五点计划。第一个关键点是培养能够有效利用人工智能技术的人才以实现人和机器的和谐共处；第二个关键点是做好在教育、交通、医疗和生产等领域的社会变革以迎接智能时代；第三个关键点是数据收集、检验和透明度；第四个关键点是通过人工智能技术设施吸引技术人才和投资；第五个关键点是构建人工智能法律和伦理框架作为日本人工智能战略的支柱。日本还将 2017 年确定为人工智能元年，并以该年为起点制订了三步走计划。在 2020 年前后普及无人工厂、无人农村，在 2030 年前后实现人员和货物运输配送无人化，此后日本要实现无人驾驶普及化将人为交通事故死亡率降低为零,并使看护机器人成为日本家庭一员。日本十分重视人工智能人才培养,如计划将编程课程纳入中小学必修课程,对技术培训提供学费补贴等。

  日本和欧盟对人工智能发展均抱有帮助本国或经济体内各国走出经济困境的期待,将智能化作为新的经济增长点。从日本当前人工智能产业规划来看,日本还希冀智能化能为日本日益严重的人口老龄化问题带来解决方案。日本人工智能三步走计划实际上是无人化的过程,以机器生产代替人力劳动以降低劳动力不足对日本经济带来的困难。然而,当前日本的人工智能发展仍然存在高端人才缺乏,新兴创业公司投资力度不足等问题。

第八章

从落后到追赶：韩国加快人工智能产业发展步伐

　　2016年DeepMind公司的AlphaGo击败韩国著名围棋手李世石令韩国民众直观感受到人工智能的强大能力。韩国在半导体、汽车、电子工业及机器人制造方面具有很强竞争力。然而韩国政府报告曾称，韩国的人工智能技术竞争力明显落后于美国、欧盟、日本甚至中国等主要国家。为保持在人工智能时代的国家竞争力，韩国在2018年审议通过了人工智能研发战略，重点关注人工智能人才、技术和基础设施。为了应对人工智能人才的短缺，韩国计划建立多所人工智能学校培养工程师。韩国还在创建面向人工智能的创业孵化器，保障新兴人工智能创业者获得足够的资金支持。不过也有分析指出，目前韩国人工智能产业的生态系统不容乐观。其一，由于缺少足够发达的风险投资环境，韩国新兴人工智能创业公司数量较少，人工智能研发活动主要落在政府投资和已进入市场的技术企业如三星、LG等公司上。其二，韩国专注于通过教育系统培养人工智能人力资源，但是这无疑需要较长的周期。

　　立法规范方面，韩国也有所动作。在交易安全方面，韩国拟针对数据交易专门立法，规范数据市场交易。在伦理方面，韩国政府早在2007年便制定了《机器人伦理宪章》，建立了对机器人从角色到道德层面的指南。韩国政府设想认为智能机器人具有高度智慧,如果人类不当使用乃至"虐待"智能机器人,必然激起智能机器人的反抗,最终导致人工智能反噬人类种群。这份文件体现了韩国政府对人工智能法律主体性的一种倾向。

总体来看,韩国发达的工业和制造业为其在人工智能时代保持国家竞争力提供了强大的技术支持。不过韩国与日本面临着类似的问题。由于人才短缺和投资环境不甚理想,韩国在智能化时代的发展也面临诸多挑战和困境。

◉ ···· 第九章

从追随型发展到赶超型发展：中国人工智能发展如火如荼

第一节 中国人工智能发展的推动部门

不同于美国、欧盟等设立专门的人工智能研究委员会发布发展战略，中国在人工智能发展规划上是以中国共产党领导，以国务院为核心，多部门协调配合。首先，党的十九大报告将人工智能纳入"贯彻新发展理念，建设现代化经济体系"部分。其次，2017年国务院发布《新一代人工智能发展规划》（以下简称《规划》），把人工智能上升到国家战略层面。此后，国务院相关部委，如工业和信息化部、科技部、发展改革委、财政部和网信办等均发布配套文件细化要求、落实工作以完成《规划》的目标。

第二节　中国人工智能发展的顶层设计

中国人工智能发展规划大致可根据国务院发布的《规划》为界分为战略探索期与战略指导期。《规划》出台以前，中国已经开始从各领域探索人工智能产业发展。2014年以来，国家领导人在讲话中屡次提到人工智能发展。2015年7月在北京召开的2015中国人工智能大会上，陆续发布人工智能在机器人、自然语言理解、模式识别、智能驾驶、机器学习等多个领域白皮书，勾画出了产业发展方向和蓝图。2015年，国务院发布《关于积极推进"互联网+"行动的指导意见》，其中"互联网+人工智能"作为11项重点工作之一。2016年3月，"人工智能"写入《国民经济和社会发展第十三个五年规划纲要（草案）》。2016年4月，工业和信息化部、发展改革委、财政部联合印发《机器人产业发展规划（2016—2020年）》，成为国家层面第一个专门针对人工智能发布的顶层文件。经过几年探索以后，2017年国务院出台《规划》对中国人工智能发展目标、原则、布局和保障等全方位予以规定。

《规划》对人工智能发展提出三步走目标（图2-6），第一步是到2020年，人工智能总体技术和应用与世界先进水平同步，人工智能产业成为新的经济增长点；第二步是到2025年，人工智能基础理论实现重大突破、部分技术和应用达到世界领先水平；第三步是到2030年，人工智能理论、技术与应用总体达到世界领先水平，成为世界主要人工智能创新中心。为此，中国政府提出以下重点任务，即构建一个开放协同的人工智能科技创新体系，把握人工智能技术和社会双重属性，坚持研发攻关、产品应用和产业培育三位一体和人工智能全面支持科技、经济、社会发展和国家安全。为此，中国拟布局"1+N"的人工智能项目群，其中"1"是科技部牵头的新一代人工智能重大科技项目，而"N"则是国家科技重大专项、国家重点研发计划等人工智能重要项目。从《规划》来看，中国计划在经济发展、社会服务、基础设施建设和国防安全等领域发挥人工智能功能。《规划》同时指出人工智能技术发展离不开法律法规、伦理规范、重点政策、知识产权体系、安全监管和评估体系、劳动力培训和科普活动等保障措施。①

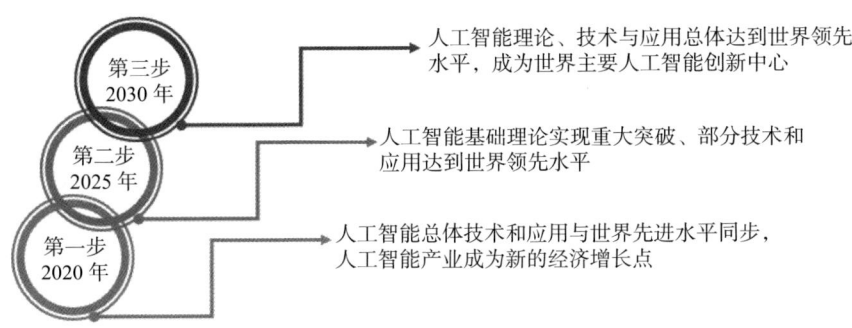

图 2-6 新一代人工智能发展规划三步走目标

以该《规划》为指导，相关部门和机构迅速响应并发布配套政策。2017年12月，工业和信息化部发布《促进新一代人工智能产业发展三年行动计划(2018—2020年)》及其解读。针对第一步目标，三年行动计划力争优先发展智能联网汽车、服务机器人、无人机、医疗影像辅助诊断系统、身份识别、语音交互、翻译和家居产品八大领域，在智能传感器、神经网络芯片和开源开发平台领域实现核心基础突破。2018年，教育部等五部门发布《教师教育振兴行动计划（2018—2022年）》，接着教育部又发布《高等学校人工智能创新行动计划》，为人工智能发展输送人才。同年，国家网信办发布《数字中国建设发展报告（2018年）》评估中国信息化建设进程。此外，各部门还开放人工智能项目申报提供资金支持，例如，发展改革委组织实施"互联网+"人工智能创新和数字经济试点重大工程，工业和信息化部组织申报人工智能与实体经济深度融合创新项目等。②

---

① 国务院．新一代人工智能发展规划 [R/OL]．(2017-07-08) [2019-07-03]．http://www.gov.cn/zhengce/content/2017-07/20/content_5211996.htm.
② 贾开，郭雨晖，雷鸿竹．人工智能公共政策的国际比较研究：历史、特征与启示 [J]．电子政务，2018，189 (9)：78-86.

第三节　中国人工智能发展的配套法律规范

随着"依法治国"成为中国的基本国策，中国正在加快法律体系建设和国民法律意识的培养。虽然中国当前的法律体系与德、日等国相比略显稚嫩，但是包括人工智能领域在内的新兴领域立法却十分活跃，涉及信息保护、区块链技术、电子商务、智能驾驶和知识产权等方面。

电子商务方面，2018年全国人大常委会审议通过了《电子商务法》。该法对电商平台设置了经营者信息管理、信息报送、商品和服务监督、信息保存、制定平台交易规范和在线纠纷解决机制等多项义务以营造公平、安全的网络交易环境。此外，要求电商个性化推荐尊重消费者的选择权，注意避免算法歧视。此外，杭州、北京和广州3家互联网法院初步建立了互联网法院体系，这些法院重视运用网络技术，全程在线审理。目前，大部分案件为电子商务纠纷。信息保护方面，2017年中国最高人民法院和最高人民检察院颁布《关于办理侵犯公民个人信息刑事案件适用法律若干问题的解释》（法释〔2017〕10号），文件中将"公民个人信息"定义为以电子或者其他方式记录的能够单独或者与其他信息结合识别特定自然人身份或者反映特定自然人活动情况的各种信息，承认电子信息的保护必要性。区块链技术方面，国家网信办发布的《区块链信息服务管理规定》于2019年2月实施，这是中国首部区块链监管法规。根据该规定，中国目前禁止首次代币发行融资（ICO）活动和虚拟货币交易，明确表示不认可比特币作为支付工具，但将加密货币视为可以保护的虚拟财产。智能驾驶方面，2018年4月工业和信息化部、公安部和交通运输部联合发布《智能网联汽车道路测试管理规范（试行）》，此规范为无人驾驶汽车上路测试中测试主体、测试驾驶人、测试汽车、测试环境和测试申报等问题提供规范，也为地方出台更为详细的测试细则提供指引。知识产权方面，中国有加强网络平台版权保护义务的趋势。例如，《电子商务法》第42至第45条借鉴《信息网络传播权保护条例》第15条中将平台的"通知—删除"责任扩展为"通知—删除—反通知—

恢复"规则，即要求平台在接到通知后删除内容，在接到反通知后将反通知告知请求删除信息的权利人并告知权利人有权向有关主管部门投诉或者向人民法院起诉，权利人未及时投诉或起诉的，信息将被恢复。此外，中国执法机构通过专项治理活动加强对知识产权侵权的打击，例如，"剑网2018"专项行动专项整治短视频版权问题。

除了上述法律法规，即将生效的《民法典》设专章规定隐私权和个人信息保护，在个人信息的法律定义、个人信息处理、信息安全保障、信息主体对个人信息的更正权和删除权等方面做出规定。2020年全国人大常委会还初次审议了数据安全法、个人信息保护法等涉及网络安全的法律，并将修改科技技术进步法、网络安全和数据合规相关法律纳入立法规划。同时，把人工智能方面立法列入抓紧研究项目，围绕相关法律问题进行深入的调查论证，努力为人工智能创新发展提供有力的法治保障。

人工智能在中国已经提升到国家战略高度，受到广泛重视并得到大量资源倾斜。中国将人工智能与"中国制造2025"等国家战略联系起来，作为经济增长的新刺激点。同时，人工智能还肩负打造便捷智能社会、维护国家安全及完善社会基础设置等职责。作为新一轮技术革命的核心技术，中国希望通过大力发展人工智能抢得进入智能化社会的先机，实现弯道超车。不过目前无论从技术层面、人才层面还是资金投入层面，中国与美国、欧盟还有一定差距。特别是中国人工智能立法规制和伦理规范研究刚刚起步，急需跟上技术发展步伐。

纵观各国发展人工智能的政策布局，人工智能发展思路存在一定共性。第一，人工智能战略受到高度关注。战略布局往往来自顶层设计，各国通过设立专门委员会或多部门协调的方式，发布人工智能战略。人工智能与相关产业发展获得大量资金投入。第二，人工智能战略布局全面化。各国不仅关注到人工智能对工业和经济的推动作用，还重视人工智能在医疗、养老、基础设施等社会领域的应用。各国从教育与人才培养、产业与新兴企业孵化、法律与伦理道德规范等多领域助力人工智能技术发展。第三，各国均重视人工智能人才的培养和引进。一方面，各国在基础教育、高等教育和就业技能培训中强调人工智能教育，培养符合人工智能时代的劳动者；另一方面，各国拟出台各种优惠政策吸纳引进人工智能专家和高技术人才。第四，人工智能潜在风险已得到关注但不阻碍各国的技术发展步伐。虽然各国报告中均提及人工智能可能带来的就业岗位减少、数据泄露和个人隐私曝光、算法歧视、智能机器人侵权责任不明、技术发展的知识产权认定存疑等风险，但是仍没有停下发展的步伐。各国对风险的化解持乐观态度，一方面强调制定法律规范和伦理准则；另一方面则认为人工智能技术发展本身会带来化解风险的契机。例如，在数据和隐私问题上，虽然都强调数据可得性和隐私保护的平衡，但是除了欧盟采取相对严格的数据保护措施外，其他国家目前仍倾向于侧重数据开发以助力技术发展。第五，人工智能都被视为下一个经济增长点。美国意图在人工智能时代仍然保持经济优势，欧盟和日本则希望借助人工智能化解经济疲软困境和老龄化等问题，中国则将人工智能视为实现弯道超车的重要契机。可以预测，各国在人工智能时代的竞争与合作均趋于活跃。

面对人工智能发展浪潮，各国考虑本国国情，在政策导向上也有一定差异。例如，欧盟、美国和中国对数据开放的态度存在差异。欧盟基于当地文化传统，在数据开放问题上态度较为谨慎保守，倾向于保护公民数据自治；而美国有强劲的人工智能产业优势，更希望放开数据访问限制；中国则特别强调数据本地化。又如，日本老龄化问题形势严峻，因而特别重视无人化生产减少劳动力需求和家政服务机器人研发提高老年人生活质量。

•••• 第三篇 ••••

迎难而上：人工智能时代的法律挑战

人工智能体是否可能获得法律主体地位？人工智能体的创作权利如何归属？人工智能时代在个人信息保护与利用的十字路口如何抉择？人工智能技术对市场竞争秩序和消费者权益维护会带来怎样的挑战？人工智能对国家往来又会产生怎样的影响？人工智能来势汹汹的侵入人类生活的各个角落，我们无法回避在人工智能预警下重新审视各个领域的法律法规。本篇将着重介绍当前在民法、刑法、知识产权法、竞争法和国际法等部门法中对人工智能探讨最为热烈的几个问题。

第十章

人工智能体的主体资格与责任承担

第一节 人工智能体的定位困境与应用风险

人工智能历经 60 多年的发展，在机器人学习、自动驾驶、大数据、算法和神经网络等领域都有突破性进展。随着机器学习深入，人工智能体智能水平大幅提高，在特定领域比肩甚至超过人类智力水平，与此同时，人工智能体的应用风险也应运而生。面对人工智能技术的迅速变革，人工智能体的法律定位困境和风险责任承担争议便日益凸显。

机器人在生产生活中被广泛应用极大提高了生产效率和生活质量，然而在多国却也出现过机器人杀人的恐怖事件。早在 1978 年，在日本广岛一间工厂出现切割机器人切割钢板时将一名值班工人当作钢板切碎的惨剧。1981 年，日本山梨县一名工人在调整加工螺纹的工业机器人时，本应当处于停止状态的机器人忽然动起来，抱住工人旋转并最终导致其死亡。德国大众公司也发生过类似事件，一名技术员在安装抓取零件的机器人时，被机器人抓起并砸向金属板。调查中并未发现该机器人有任何技术故障或者遭到损害。可能会酿成杀人惨剧的并非只有工业用机器人。1989 年，苏联著名国际象棋棋手尼古拉·古德科夫和象棋电脑下棋连赢3局，而后在第四局中触电身亡。经调查，警察认定杀人电脑在输棋后恼羞成怒，自行改变程序，向棋盘释放大量电流故意杀死了对手。此后，在奥地利还发生疑似家用机器人自杀事件。男主人声称机器人自动启动，将电炉上的锅推开，然后自己蹲在电炉上将自己烧成灰烬。随着自动驾驶技术的发展，无人驾驶交通事故致人死亡案件层出不穷。例如，2013年在亚利桑那州发生全球第一起自动驾驶车辆致行人死亡案件。一辆经沃尔沃车辆改装的优步自动驾驶测试车在自动驾驶模式下撞倒一名行人，车辆、驾驶员、优步公司和沃尔沃公司谁应当承担此次交通事故的责任引发巨大争议（图3-1）。

图 3-1　美国第一起 Uber 交通事故

（图片来源：http://tech.ifeng.com/a/20180322/44915749_0.shtml）

人工智能体不仅可能侵害人类生命、身体和健康，还可能造成个人人身、人格和财产权利损害。例如，微软推出的少女聊天机器人 Tay（图3-2）在上线交流后不到1小时便被网友教成了"满口政治不正确的纳粹"，造成极大的社会不良影响，最后被迫关闭下线。又如，人工智能体可能存在数据泄露和滥用的风险等。

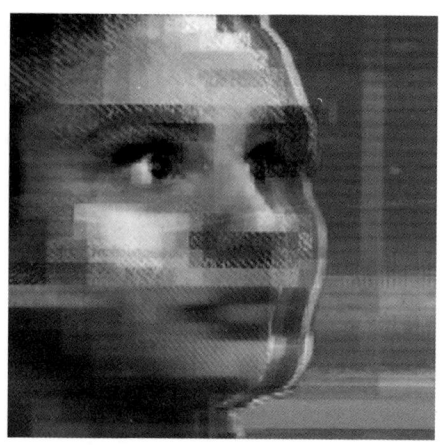

图 3-2 Tay 的社交头像

（图片来源：http://news.zol.com.cn/630/6301911.html）

以上种种都透露出人工智能体在带来诸多便捷的同时也造成巨大的应用风险。中国有学者通过与现有风险的比较，将人工智能体对刑法领域可能造成的风险分为3类：一是可能使部分传统犯罪的危害性发生"量变"，换言之，人类利用人工智能体实现侵权规模化、严重化；二是可能会导致新的犯罪形式出现，如与大数据相结合的犯罪形式，与"欺骗"人工智能系统相结合的犯罪形式等；三是人工智能产品可能脱离人类控制从而实施严重危害社会的犯罪行为，这是指人工智能体通过深度学习拥有自主意识并自主实施犯罪或侵权行为。① 将该刑法领域的风险扩展适用于整个法律领域，同样可以将人工智能体可能造成的风险分为3类：一是可能使传统违法行为危害增强；二是可能导致新的违法行为；三是可能脱离人类控制自主实施违法行为。也有学者依据人工智能发展阶段，将风险划分为3类，即弱人工智能时代风险、强人工智能时代风险和超人工智能时代风险。②

---

① 刘宪权. 人工智能时代的刑事风险与刑法应对[J]. 法商研究，2018，183（1）：3-11.
② 马治国，田小楚. 论人工智能体刑法适用之可能性[J]. 华中科技大学学报（社会科学版），2018，150（2）：108-115.

面对人工智能体的应用风险，现有法律制度显得捉襟见肘，疲于应付，各方争议不断，诸多问题尚未有定论。建立规制人工智能法律体系面临的基本问题是人工智能体的法律定位，即人工智能体是否应拥有法律主体资格。一般认为法律主体可以享有权利并就自己的行为承担责任，倘若一定条件下赋予人工智能体法律主体地位意味着人工智能可以独立承担法律责任，与此同时法律也需要保障其相应的权利。因此，更进一步的问题是人工智能体是否能够或应当独立承担侵权责任与刑事责任，人工智能体承担责任的条件和边界在哪里？

第二节 各国对人工智能体法律人格及责任态度

面对人工智能水平超出想象的快速发展，有些法域开始在一定条件下赋予人工智能体法律地位的试探。第一种尝试是赋予人工智能体与人类同等的地位。例如，2016年沙特阿拉伯向机器人索菲亚授予公民身份，这是人类第一次授予机器人公民身份。不过这次授予活动带有一定象征意味，尚未有国家普遍性地系统性地授予智能水平达到一定程度的人工智能体法律主体地位。另一种尝试是赋予人工智能体自然人、法人以外第三种法律主体——电子人。2017年，欧盟议会法律委员会便向欧盟委员会提议考虑在未来立法中赋予最高端的智能机器人电子人身份，使其为自己的致害行为承担责任。需要注意的是，该规定还只是一种立法建议和法律构想，电子人身份尚未成为法律现实。

更多法域尚未承认机器人的法律主体地位。有观点则是试图将机器人纳入现有的法律框架中以类比方式确定机器人地位。俄罗斯学者纳乌莫夫和阿尔黑波夫负责起草了该国第一部关于智能机器人法律地位的草案《在完善机器人领域关系法律调整部分修改俄罗斯联邦民法典的联邦法律》，也称为《格里申法案》。该法案的基本理念是对机器人的法律调整参考现有法律对动物和法人的调整规则和理念。原则上，机器人可以被视为与动物具有相似性的财产，但是也承认机器人存在发展为人类自主代理人的可能性，因而允许类推适用登记制度。同时该法案指出机器人侵权案件中,机器人应当被视为高度危险来源适用无过错责任,换言之,机器人侵权不要求存在侵权意图,只要求有侵权行为、结果和两者因果关系。①

还有国家采取"搁置争议,逐个击破"的立法战略。这些国家抛开对机器人整体的定位,就当前最急迫的领域,如自动驾驶、人工智能产品质量责任等做出规定。德国《道路交通法第八修正案》规定了自动驾驶汽车应当满足的要求,其中特别要求自动驾驶汽车要满足驾驶员在任何情况下均可以决定手动操作的设计,而且自动驾驶中驾驶员还是要保持清醒戒备状态以便随时接管车辆,驾驶人是否在发现或者应当发现不符合高度自动化或者全自动驾驶功能条件时立即接管汽车将成为判断责任的关键。②此外,监管机构开始考虑要求汽车厂商在自动驾驶汽车中安装黑匣子以便在事故后判定法律责任和开展保险理赔。美国华盛顿哥伦比亚特区法律也要求自动驾驶中人类驾驶员可以随时接管车辆。而英国也有主张将自动驾驶的机动车责任纳入强制保险体系中,由保险公司对受害人先行赔付,而后根据驾驶车辆是否存在设计、制造等产品质量问题向相关主体请求赔偿。③产品责任制度在自动驾驶领域等人工智能体责任领域也得到广泛承认。《欧盟机器人民事法律规则》指出:"根据目前关于产品责任的法律框架——产品的制造者对于产品故障负责……适用于机器人或者人工智能造成的损害。"④

总体来看,当前人工智能体的智能水平还比较低,大部分国家当前虽然承

---

① 张建文. 格里申法案的贡献与局限:俄罗斯首部机器人法草案述评[J]. 华东政法大学学报,2018,21(2):32-41.
② 冯珏. 自动驾驶汽车致损的民事侵权责任[J]. 中国法学,2018(6):109-132.
③ 司晓,曹建峰. 论人工智能的民事责任:以自动驾驶汽车和智能机器人为切入点[J]. 法律科学,2017,35(5):166-173.
④ European Parliament. Draft report with recommendations to the commission on civil law rules on robotics [R/OL]. (2016-05-31) [2019-07-02]. http://www.europarl.europa.eu/doceo/document/JURI-PR-582443_EN.pdf?redirect.

认人工智能与一般物存在一定差异，需要特别对待，但没有承认其法律主体地位。当然，不排除各国法律未来有条件地承认其为法律主体。各国立法中更为关注的问题是如何规制人工智能体带来的社会风险，如自动驾驶交通事故、人工智能产品致人损害和利用人工智能技术犯罪等。

第三节　人工智能体法律人格及责任理论探讨

目前，学界对人工智能体法律地位认定大致有3种，即否认说、肯定说和中间说。在介绍各方争议前有必要探讨何为法律主体。民法和刑法中基本坚持主体和客体二分。法律主体制度的哲学基础是"人是目的"的哲学理论。康德对人是目的的认识，在两方面确立人的主体地位：其一，在人与自然关系中，人是认知主体，具有为自然立法的能力；其二，在人与社会的关系中，人是伦理主体，具有为自己立法的能力。[①] 人类因理性而区别于其他生物并在法律上获得主体地位。实践中，法律赋予主体资格并不限于理性。因人之发展需求也可能赋予人类团体独立的法律主体资格，即法人资格。此时，团体作为实现自然人目的的工具被赋予拟制人格，"真正的目的仍然在于自然人格"。[①②] 换言之，法律主体地位或以理性为基础（即自然人）或以实益性为基础（即法人）。那么是否应当赋予人工智能体主体资格需要从理性和实益性两方面考察。

否认人工智能体法律主体资格的学者认为当前人工智能体尚不具有自我意识，且承认其主体地位并无实际益处。首先，人工智能体不具有理性。虽然有些人工智能通过机器学习技术拥有一定的自主判断和选择能力，但是它们仍然与人类理性有很大差别。机器没有自己的情感也不知道自己行为的目的和意义，它们只是依照人类编写的代码运行程序而已。即便承认AI奇点（AI奇点概念最早由美国未来学家雷·库兹韦尔提出，他以奇点为隐喻描述了人工智能的能

[①] 刘洪华. 论人工智能的法律地位[J]. 政治与法律, 2019 (1)：11-21.
[②] 漠耘. 主体哲学的私法展开：权利能力研究[M]. 北京：法律出版社, 2012：229.

力超过人类的临界点）可能来临也没有必要承认其主体地位。一方面，是否应当不加控制地允许奇点到来仍有争议，很多科学家认为人工智能的发展脱离人类控制会使人类自食恶果、自掘坟墓。霍金就曾表示"人工智能或许不是人类历史上最大的事件而是最后的事件"。[1]另一方面，越过奇点的人工智能体是否还会受制于人类世界规则不无疑问。即便承认人工智能体仍受人类控制，奇点的到来仍需要相当时间，当前法律尚无必要受困于如此遥远的事情，至少在相当长一段时间内人工智能体的智能水平无法企及人类，不应当视为法律主体。其次，赋予人工智能主体地位并无实际益处。人工智能是否拥有主体地位不影响人工智能创造物的归属判断及人工智能损害赔偿责任承担和刑事责任承担等问题。目前学界主流观点认为，人工智能创造物获得著作权保护具有合理性，但是知识产权不应当归属于人工智能体。人工智能损害赔偿责任问题也无法通过赋予人工智能主体地位得到妥善处理。一方面，将责任分配给电子人格，让人工智能的设计者和制造者置身事外，这为产品生产者和使用者提供了规避责任的路径；另一方面，人工智能体并不能独立承担损害赔偿责任，既没有独立财产承担损害赔偿也没有共情能力承担赔礼道歉等责任。事实上，无论是《欧盟机器人民事法律规则》[2]还是《格里申法案》[3]都认为责任最终承担者应该是自然人。最后，人工智能体与法人的法律地位不能相提并论。法人身份如一层隔开公司股东与法律责任的面纱，公司的经营决策反映的仍然是人类意志和理性，而赋予人工智能体法律主体地位则是承认人工智能体独立地位，反映人工智能体自己的意志。

肯定说学者认为应当在一定条件下赋予人工智能体主体资格，由人工智能

---

[1] 孙伟平.关于人工智能的价值反思[J].哲学研究，2017（10）：120-126.
[2] 法案第56段。European Parliament. European Civil Law Rules in Robotics[R/OL].（2016-12-22）[2019-07-02]. https://publications.europa.eu/en/publication-detail/-/publication/19ea0f1c-9ab0-11e6-868c-01aa75ed71a1.
[3] 张建文.格里申法案的贡献与局限：俄罗斯首部机器人法草案述评[J].华东政法大学学报，2018（2）：32-41.

体为自己的行为承担责任。所谓一定条件的判断依据是人工智能体能否产生自主意识，控制和辨认自己的行为，即人工智能体拥有一定的"理性"。有学者指出，从生物学角度看人类自主意识是"超高数量级的脑细胞相互传递脑神经信号的结果"，随着技术的革新，机器人完全有可能通过电子元件模拟脑细胞形成自主意识。① 基于人工智能的革新阶段，有学者将人工智能体发展分为以下几个阶段：弱人工智能时代，即只擅长某一领域的技术或操作的智能体，如大家熟知的下围棋智能体 AlphaGo；强人工智能时代，即智能体和人类一样具有独立解决问题的能力，可以独立学习思考分析并解决问题；超人工智能时代，即智能体在各个领域有超过人类大脑的智慧。随着智能化程度的提高，人工智能体经历了从不承担责任到对特定行为承担责任再到对其实施的所有行为承担责任的转变。① 当前也有学者认为即便在弱人工智能时代，人工智能体行为倘若超过研发者或使用者控制范围，也需要独自承担责任。这里人工智能体实施的行为可以分为程序设计和编制范围内实施的行为和在程序设计和编制范围外实施的行为，对于前者智能机器人只是人类的工具，智能机器人造成的任何损害由智能机器人的研发者或使用者承担责任，对于后者智能机器人的行为已经超出控制范围，应该由智能体自己承担责任。② 当然，人工智能体承担责任并不必然排除生产者和使用者责任，人类应当负有监督义务。③ 民法和刑法上传统的赔偿和处罚措施对人工智能体不能适用，但是对其可以开发"删除数据""修改程序""永久销毁"②等处罚措施。

还有中间派学者认为人工智能体的法律地位是人工类人格，即介于人与物之间的过渡存在。人与物之间的过渡存在的观点并非特供于人工智能体语境下，早在无锡冷冻胚胎案时，便有学者认为胚胎是人与物之间过渡存在。这种观点

---

① 马志国，田小楚. 论人工智能体刑法适用之可能性[J]. 华中科技大学学报（社会科学版），2018（2）：108-115.

② 刘宪权. 人工智能时代刑事责任与刑罚体系的重构[J]. 政治与法律，2018（3）：89-99.

③ 刘宪权. 人工智能时代的刑事风险与刑法应对[J]. 法商研究，2018，183（1）：3-11.

认为人工智能体属于物的范畴不是人，但是存在某些人格要素，处于最高的物格地位。① 由于不承认人工类人格属于法律意义上的人格，因此人工智能体不能独立承担责任。人工智能体致人损害责任可以参照适用产品质量责任的规则。具体而言，人工智能体致人损害应当由产品生产者、设计者和销售者作为责任主体，其中特别强调产品设计者的责任，这是一种无过错责任，这种观点虽然承认人工智能体的特殊性但是在法律适用上仍然作为物处理。

总体说来，学界关于人工智能主体地位的观点可分为 3 类：一是工具说，人工智能体是工具，不具有法律主体地位，人工智能体造成损害视为工具造成损害；二是人工智能体是人工类人格，是一种存在某些人格要素的物，但是人工智能体的责任视为产品质量责任，特别强调人工智能产品设计者的责任；三是人工智能体发展到强智能或超智能阶段或可承认其法律主体资格，此外，即便人工智能体尚未完全拟制人类理性，只要其实施的行为超过程序控制范围或其在特定领域类似人类理性下做出的行为可以要求人工智能体自己承担责任。

第四节　人工智能体法律人格及责任再审视

当法律对话人工智能时，我们首先要限定探讨的范围。法律具有时代适应性，很多情况下法律甚至是落后于社会发展的，这意味着当前对人工智能法律制度构建的探讨可以着重关注弱人工智能时代。当前且在相当长时间内，人类将处于弱人工智能时代，当前遇到的法律风险和困境，如自动驾驶交通事故，机器人伤人、杀人等事故的罪魁祸首不属于法律主体的观点可以得到普遍接受和承认。因此，法律需要进一步解决的问题是针对这些具体风险的责任分配问题，即谁来承担责任，如何承担责任。由此需要强调法律调整范围的有界性。"法律作为解决纠纷的一种手段，只能在一定的时空领域内发生其调整社会关系的

---

① 杨立新. 人工类人格：智能机器人的民法地位：兼论智能机器人致人损害的民事责任[J]. 求是学刊，2018（4）：84-96.

功能，而且有其自身独特的运行轨迹"①，我们必须承认在风险社会中法律有其无法救济的行为，强行救济的结果未必恰当。例如，高空坠物致人伤亡的情况下，中国《侵权责任法》要求在无法查明坠落物管理人或所有人时可以要求该楼可能造成该坠落伤害的住户承担公平责任。这对无辜住户是不公的。相似的，在人工智能时代法律能够调整的风险范围也是有界限的，高空坠落物换成机器人并无差别。那么是否意味着人类对于这类风险无计可施了呢？情况并非如此，我们还可以应用保险制度等分散和防范风险。

我们认为对颠覆法律制度主客二分的基本架构、赋予人工智能体主体地位的观点应持审慎态度。人工智能时代的来临并不意味着人类现有法律框架的消解，正如相对论的出现并不意味着牛顿经典力学体系式微。探讨人工智能时代的法律问题，首要考虑是否能够将人工智能规制纳入现有法律体系下，倘若有所冲突如何调和。纵观各国规范及学界主流观点，基本态度是改良当前法律制度，就人工智能问题先适用现有规范并根据其特殊性质做特殊处理。虽然当前学界对人工智能法律定位与风险防范观点各异，但存在一定共识。这些共识或许代表了人工智能时代法律继续前行的方向。第一，人是目的本身，法律主体资格的取得以人类理性或人类利益为基础。承认人类以外物体法律主体地位有极大伦理风险，即便是为了人类利益也应当谨慎而为。法人虽然被拟制为法律主体但其决策和运行仍然是受人类理智控制的，而人工智能体只能模拟人类意识。第二，就当前阶段而言，人工智能技术的发展仍处于弱智能时代，虽然它们可能拥有某一领域学习能力和仿生能力，但是并不具有自主意识。因此，在当前阶段人工智能体视为法律上的物更为合适。第三，现有法律主体可能和人工智能体共同承担责任。人工智能体可以通过删除数据、修改程序和永久销毁等方式承担责任。无论是否要求人工智能体承担责任，原则上现有法律主体如人工智能体的设计者、制造者、销售者和使用者等仍需要承担责任。人工智能

---

① 梁上上. 利益衡量论[M]. 北京：法律出版社，2013：237.

体致人损害时可以参照适用产品质量责任等规定。倘若人工智能体只是侵权或犯罪工具，则与传统法律规定的责任承担并无二致。第四，不承认人工智能体法律主体地位并不意味人工智能体独立承担责任完全没有意义，当人工智能体行为难以预料以至于可以归入"意外事件"时，损害如何分配需要利益衡量。由人工智能体独立承担责任实际上是为人工智能体设计者和生产者提供安全港，避免挫伤研发热情和行业活力。第五，面对人工智能的社会风险，可以建立以法律和伦理制度为核心的风险防范系统，如对有较大可能造成损害的人工智能产品要求强制保险或设置赔偿基金[①]，又如要求这些产品的系统存在防火墙，在智能体行为出现异常时自动断电、休眠甚至摧毁等，还可以布局类似于黑匣子的监测系统，以便在纠纷解决时确定事实。

---

① 司晓，曹建峰. 论人工智能的民事责任：自动驾驶汽车和智能机器人为切入点[J]. 法律科学，2017（5）：166–173.

第十一章

人工智能时代的知识产权挑战与回应

第一节 人工智能技术引发的知识产权争议

2018年《中国好声音》比赛中，来自清华大学的博士生宿涵一曲改编版《止战之殇》获得众多观众的好评。有趣的是，这首歌曲主歌歌词是由人工智能写的。宿涵输入"深渊、绝望、战争"等词，人工智能便创作了初版歌词，歌词虽然尚未如人类作词家的表达那样流畅优美，但也颇具新意。例如，"讽刺挂满美丽的太阳"等词句放在反战主题下也很贴切。由于人工智能在创作中的深度参与甚至起决定性影响，人们不禁对歌曲著作权归属产生疑惑。无独有偶，人工智能在文学创作中的自主性也大幅提高。2017年一部名为《阳光失了玻璃窗》的诗集（图3-3）引发社会广泛关注。不同于普通的当代中文诗集，这是世界上首部人工智能灵思诗集，诗集作者小冰是微软开发的一款人工智能产品。这便引发不可回避的知识产权问题，即小冰创作的诗歌是否应当受到《著作权法》的保护，是否属于著作权法意义上的"作品"？随后，小冰还上线了诗歌创作功能，用户只需要上传一张照片，提供几个关键词，小冰能在10秒内创作诗歌初稿。

小冰主动放弃诗歌初稿可能获得的《知识产权法》上的相关权利，任何人可无偿使用这些创作成果。虽然小冰选择主动放弃诗歌上可能有的任何知识产权，但是法律却必须直面这个问题，即人工智能体的生成内容是否具有可知识产权性以及倘若属于知识产权的客体，权利的主体和边界如何确定。

图 3-3　小冰诗歌集及豆瓣评分

（图片来源：https://book.douban.com/subject/27050386/）

事实上，人工智能技术的发展不仅悄然侵入家居、制造、医疗、物流等人类生活的各个领域，也对既有知识产权制度带来颠覆性挑战。由于人工智能高度技术化的特征，知识产权领域或许是人工智能法律争议战争硝烟最先弥漫的地方。目前，人工智能引发的知识产权争议已初具规模，根据争议内容可以分为3类：一是人工智能技术的专利化问题；二是人工智能技术侵犯知识产权问题；三是人工智能生成物的知识产权性问题。

针对第一个问题，主要是区分抽象观念和创造发明，这尚未脱离现有知识产权保护范围。各国专利法保护的是创造发明而非抽象观念。例如，中国《专利法》第25条规定，对于智力活动的规则和方法不授予专利权；美国《专利法》第101条规定专利权利保护的对象不包括"自然法则、物理现象和抽象概念"；《欧盟专利公约》第54条也指出欧盟专利授予的范围不包括"精神活动的计划、规则和方法及计算机程序"。人工智能技术极大地依赖通过计算机程序实现的算法，程序本身不能成为专利客体，这些计算机程序必须具有技术特征才是可专利的。例如，实现打扫机器人路线规划方案的程序本身是抽象观念不受到保护，但是能够规划路线的装置或者打扫机器人可以作为专利受到保护。针对第二个问题，可以在第十章的体系下得到解决。在弱人工智能时代，人工智能往往作为侵权的工具，侵权行为没有充分脱离人类控制，人工智能体的侵权后果原则上应当由产品的设计者或所有者承担。在人工智能发展到有相对充分的独立性时可以设置安全港，避免对设计者或所有者苛以过分严格的侵权责任。这一逻辑在知识产权侵权领域也可一以贯之。当前争议最大也最受关注的是第三个问题，即人工智能生成物的可知识产权性问题，具体来说人工智能体生成发明的可专利主题、人工智能生成内容的可著作权主题及其相应权利范围和归属问题。

  展开讨论前，有必要对讨论框架达成共识。首先，我们讨论的人工智能生成物著作权的客体应该是那些形式上已经与人类作者创作的作品无法区分的成果，而且在创作过程中人类只起到辅助作用，如上文提到的提供关键词、图片等，自然人没有付出足够的劳动，不能依据当前的著作权法获得著作权。相似的，中国讨论的人工智能生成物专利权的客体也是由人工智能创造的形式上符合创造发明要求的成果。其次，法律规范应当为人工智能发展提供制度保障，推动人工智能技术发展并防范技术对社会的潜在风险。《新一代人工智能发展规划》指出，人工智能发展中要加强知识产权保护，健全人工智能领域技术创新、专利保护与标准化互动支撑机制，促进人工智能创新成果的知识产权化。规范对知识产权保护的定位在于支撑人工智能领域技术创新。从各国的人工智能规划看，各国均对人工智能技术发展报以鼓励态度。最后，人工智能生成物的知识产权认定问题不应当局限于解释论的视角，也应当做立法论探讨。正如第三届世界人工智能大会达成的天津共识①中提到的"强化人工智能法律保障要……善于总结发现人工智能领域法理与一般性法学理论之间的共性规律，吸取提炼其个性特征"针对人工智能的特殊性顺势对法律做出调整。

---

① 第三届世界智能大会.关于人工智能发展和法治保障的天津共识[EB/OL].(2019-05-16)[2019-07-02]. http://www.mzyfz.com/cms/yifaxingzheng/fazhigongzuo/gongzuodongtai/html/1459/2019-05-20/content-1394364.html.

第二节 人工智能生成内容的著作权保护

一、人工智能生成内容是"作品"吗?

人工智能生成内容,也有称之为人工智能生成成果[①]、人工智能创作物[②]或人工智能智力成果[③]等,称谓五花八门。著作权是著作权人对其创作的艺术、文学及科学作品的专有权利。著作权授予的关键在"作品"的认定。学理上认为,作品应当是文学、艺术或者科学领域情感或思想的独创性表达。这表明作品认定的3个要件,即情感或思想的表达、独创性及特定领域。例如,中国《著作权法实施条例》第二条便规定"著作权法所称作品,是指文学、艺术和科学领域内具有独创性并能以某种有形形式复制的智力成果"。所谓独创性要求作品是独立完成且具有最低限度的创造性[④]。最低限度的创造性是一种质的要求并无确定的定性或定量标准,这是判断侵权与否的要素,也是作品承认与否的关键。对于人类智力成果,最低限度的创造性是著作权争议的焦点,而对人工智能生成内容另一争议焦点是情感或思想的表达问题。

(一)学理激辩

目前,对人工智能生成内容的认定存在4种观点:一是否定说,认为不构成作品;二是肯定说,认为构成作品;三是中立说,认为在现行著作权法下不能认为生产内容是作品,但是在产业发展到一定规模,必要时可以通过修改法

---

① 陶乾. 论著作权法对人工智能生成成果的保护:作为邻接权的数据处理者权之论立[J]. 法学,2018(4):3-15.
② 易继明. 人工智能创作物是作品吗?[J]. 法律科学(西北政法大学学报),2017(5):137-147.
③ 李伟民. 人工智能智力成果在著作权法的正确定性:与王迁教授商榷[J]. 东方法学,2018(3):149-160.
④ 最高人民法院在《关于审理著作权民事纠纷案件适用法律若干问题的解释》第十五条进一步给予界定,即"由不同作者就同一题材创作的作品,作品的表达系独立完成并且有创作性的,应当认定作者各自享有独立著作权"。

律认可其著作权；四是邻接权说，认为不构成作品但是可以看作是对人类指令的演绎，赋予邻接权。①

否定说对人工智能生成内容性质的认定回到创作过程中。弱人工智能时代的人工智能创作归根到底是算法应用的结果。创作过程是人工智能按照一定的算法完成数据搜索、分析、组合和选择性输出的过程。例如，在某音乐软件创作中，计算机采用马尔可夫链（一种随机过程），从输入的第一个音符开始按照马尔可夫性质随机产生音符。基于人工智能的创作过程有观点认为虽然人工智能所创作的作品形式上可能与人类作品相似，但是这些生成内容只是"算法、规则和模板的应用结果"，不属于思想或情感的表达，因而不具有实质意义上的独创性，更不能视为作品。②霍姆斯法官在著名的Bleistein案中宣称：版权的保护并非是因为作品的最终用途或审美价值，而是因为作者的个性化元素，"人格（personality）常常包含某种个性……个性则是其获得版权的（条件）"。人工智能的生成内容有思想或情感表达时才能被视为作品。虽然现在日本等相关发达国家正在试图通过解剖灵长类动物的全部神经回路，模仿人类的脑功能创造人类智能系统，但是尚无突破性进展。因此，当前的人工智能生成内容尚不足以获得著作权法的保护。

肯定说从考察方法和考察结果两个方面对否定说进行批评。有学者指出，当前各国普遍尊重"思想和表达二分"的著作权法原理，著作权保护独创性的表达，但并不保护作品的创作过程，以创作过程否认作品的独创性并不适当。③对独创性的判断应当重客观标准而轻主观标准。人类内心是难以捉摸和探测的，独创性标准的引入是一个判断依据外部化的过程，倘若重新引入权利边界、思

---

① 陶乾. 论著作权法对人工智能生成成果的保护：作为邻接权的数据处理者权之证立[J]. 法学，2018（4）：3-15.
② 王迁. 论人工智能生成的内容在著作权法中的定性[J]. 法律科学（西北政法学院学报），2017（5）：148-155.
③ 李伟民. 人工智能智力成果在著作权法的正确定性：与王迁教授商榷[J]. 东方法学，2018（3）：149-160.

想、精神等观念是与独创性标准背道而驰的。① 也有学者指出所谓"人"的创作这一理解,说到底是一个权利归属问题,它与"作品是否在表达形式上具备足够的创造性从而享有版权"是两个不同的问题;将"人"的创作作为"独创性"的内涵,混淆了权利客体的属性与权利归属在法律技术上的区别,破坏了法律的基本逻辑。②③ 还有学者认为人工智能的创造不一定要求预设算法规则,机器可以通过深度学习来创作。④ 此时设定的算法不过是教会机器深度学习,创作结果是机器主动选择的。还有观点认为,即便认为人工智能的运算过程尚未脱离开发者预设的算法,这种算法中也包含了人类开发者的创作思想,因此本质上仍然是人类作者思想的表达,所以如果符合"独创性"条件,也可以被认定为是作品。⑤

中立说则着重考察了承认或不承认人工智能生成物"作品"地位的法律后果或社会效应。倘若不对人工智能创作物以版权保护,不利于激励人工智能产业发展。正如科斯定理所揭示的,虽然法律上在探讨这些生成内容是否属于作品,可在现实中消费者已经在视听作品、游戏软件、艺术和文学创作中使用这些成果,为这些人工智能成果提供法律保护是产业利益的必然要求,否则可能挫伤研发人工智能创作的热情。⑥ 危险不限于此,大量不受保护的人工智能成果涌入市场可能使人类著作权体系走向崩溃。随着技术发展,可以预见人工智能可能创作出形式上没有区别的成果,而这些成果如果没有著作权法明确权利归属,必然因其低廉的成本和庞大的创作体量流入版权市场,可能导致僭称内容问题。

---

① 孙山. 人工智能生成内容的著作权法规制:基于对核心概念分析的证成 [J]. 浙江学刊, 2018 (2): 113-120.
② 乔丽春. "独立创作"作为"独创性"内涵的证伪 [J]. 知识产权, 2011 (7): 35-38.
③ 易继明. 人工智能创作物是作品吗? [J]. 法律科学(西北政法大学学报), 2017 (5): 137-147.
④ 陶乾. 论著作权法对人工智能生成成果的保护:作为邻接权的数据处理者权之证立 [J]. 法学, 2018 (4): 3-15.
⑤ 吴汉东,张平,张晓津. 人工智能对知识产权法律保护的挑战 [J]. 中国法律评论, 2018 (2): 1-24.
⑥ 李伟民. 人工智能智力成果在著作权法的正确定性:与王迁教授商榷 [J]. 东方法学, 2018 (3): 149-160.

人类作者的创作作品可能因经济动力不足而凋零，版权产业也可能萎缩，最终将人工智能"拒之门外"的著作权体系将自食其果。[1] 人工智能的研发需要耗费相当资本，而其可能带来的社会效应和应用前景都不可估量，因而赋予充分的回报作为激励是符合各国政策导向的，拥抱人工智能或许使知识产权法体系得以留存。

然而对人工智能生成内容版权保护并非毫无风险。对人工智能生产内容与人类智力成果同等保护可能造成保护过剩问题。著作权法对独创性的要求明显低于专利法中创造性的要求，只需要有最低限度的创造性即可。例如，骆宾王在7岁时创作的《咏鹅》已经符合创造性的要求。人工智能作品可能相似度很高，如果予以过高保护可能导致著作权门槛下降，保护过剩。此外，由于人工智能的产量远高于人类，倘若现有著作权体系认定人工智能生产内容属于作品并授予著作权可能导致反公地悲剧（The Tragedy of Anticommons）。反公地悲剧是指权利的过多存在会阻碍利用，进而导致创新停滞。过多人工智能作品可能导致大量碎片化权利的存在，增加知识产权许可的交易成本，进而阻碍作品的使用。[2] 此外，突破著作权保护人类思想的表达也可能造成著作权法的大幅变革，不仅是作品认定，还影响著作权归属及权利内容等问题。

（二）各国法律态度

目前，大部分国家尚未承认人工智能的生成内容作品地位。日本知识产权战略总部曾在报告中指出，人工智能自动产生的创作物（类似作品的信息）并非（日本）《著作权法》第二条第一项规定的"表现思想或者情感的作品"，

---

[1] 刘影. 人工智能生成物的著作权法保护初探[J]. 知识产权，2017（9）：44–50.
[2] MICHAEL A HELLER. The Tragedy of Anticommons: Property in the Transition from Marx to Markets, 111 Harv.L.Rev.621（1998）；MICHAEL A HELLER, REBECCA S EISENBERG. Can Patents Stifle Innovation? The Anti-commons in Biomedical Research, 280 Sci.698（1998）.

因而根本不存在对其享有著作权。①②澳大利亚版权审议委员会曾建议本国《著作权法》增加计算机生成作品类别作为著作权客体，但是遭到较多反对，最终报告建议以邻接权的方式保护并以计算机生成内容（material）这样一个相对中性的概念代替了计算机生成作品（work）。②③目前，澳大利亚虽然承认了计算机生成内容获得版权的可能性，但是要求人类在其中付出足够的劳动，换言之，完全由计算机生成的内容并不能承认其是作品。美国在这一问题上的观点并不明朗，美国法院曾在审理中通过授予编程者著作权的方式，回避了计算机能否构成创作主体及其成果是否为作品的争议。④⑤美国版权局在《版权实践纲要》中拒绝登记非人类作者创作的作品。欧盟在《计算机软件保护指令》中规定对作者独立的智力作品予以著作权的保护，这表明在欧盟和美国人工智能创造物难以认定为作品获得版权。

也有国家承认了计算机生成的作品。英国《版权法》将"计算机生成的作品"定义为"该作品没有作者情况下，由计算机生成的作品"。相当部分曾经的英联邦国家追随了英国的政策。南非《版权法》也规定计算机创作物构成该法中的作品，新西兰、爱尔兰、印度和中国香港地区也采取了类似的立法态度。⑥⑦

---

① 知的财产战略本部. 知的财产推进计划[R/OL]. (2013-06-13)[2018-07-03]. http://www.kantei.go.jp/jp/singi/titeki2/kettei/chizaikeikaku20160509.pdf.
② 王迁. 论人工智能生成的内容在著作权法中的定性[J]. 法律科学（西北政法学院学报），2017 (5)：148-155.
③ Copyright Law Review Committee, Computer Software Protec-tion, Office of Legal Information and Publishing, Attorney-General's Department（1995），para. 13. 11-13. 21.
④ Williams Electronics, Inc. v. Arctic International, Inc. 685 F.2d 870（3d Cir. 1982）. 关于美国法院的态度。
⑤ 曹源. 人工智能创作物获得版权保护的合理性[J]. 科技与法律，2016 (3)：488-508.
⑥ Copyright Act 1994 of New Zealand, section 2, 5 (1) - (2), 22 (2); copyright and Related Right Act 2000 of. Ireland sections 2, 22, 30; Copyright Act 1978 of South Africa, section 1 (1); Copyright Ordinance 2007 of Hong Kong, sections 11 (3), 17 (6).
⑦ 陶乾. 论著作权法对人工智能生成成果的保护：作为邻接权的数据处理者权之证立[J]. 法学，2018 (4)：3-15.

联合国世界知识产权组织（WIPO）对计算机生成内容的观点也在变化中，目前已经承认计算机不局限于作为协助创作的技术手段，不过 WIPO 对于这一问题尚不试图通过公约的形式予以统一规定，而是对此采取不介入的态度，交由各国国内法规定。

总体来看，目前世界大部分国家立法都没有对人工智能生成内容的作品问题展开详细讨论。英美法系国家强调著作权的经济效益，因此较易接受纯粹人工智能生成内容的可版权性的观点，但是对大陆法系国家来说强调著作权的人身属性，承认人工智能生成内容是作品或许面临更大的理论困境。

（三）小结

从解释论视角看，目前人工智能生成内容在大部分国家不能被认定为作品。人工智能的创造是机械式运用算法的过程，即便深度学习机器的出现，机器的创作视作"情感或思想"的表达都非常牵强。因而，著作权判断中是否仍然放开"情感或思想"要求或许是制度层面人工智能创作从内容走向作品的关键。而从激励分析看，将人工智能创作排除著作权体系或许并不现实也不合理。形式上符合作品要求的人工智能生成内容倘若脱离规范体系可能是对人工智能产业的打击，还可能引发成果使用的道德风险、人类创作的经济动力不足及版权市场秩序混乱。

二、人工智能生成内容融入著作权法体系的路径

将人工智能生产内容作为著作权体系保护的客体关键需要解决 3 个争议：首先，法律定位，作为狭义著作权[①]客体还是邻接权客体予以保护；其次，权利行使，应当由人工智能体设计者、所有者、使用者还是人工智能体行使；最后，保护形式，权利归属法定还是协定保护。

---

① 这里的狭义著作权保护客体是作品。

关于人工智能生成内容的保护定位存在著作权和邻接权两种观点。狭义著作权保护的客体是作品，因此只有能够视为作品的生成内容上才能产生狭义著作权的各项权能。邻接权保护范围更宽泛。广义邻接权不仅包括与作品传播有关的权利，还包括对那些与作者创作的作品相比有一定区别的产品，或者是含有一定思想表达但是尚不足以称为作品的内容。人工智能生成内容是一种数据成果，认定为邻接权客体的难度小于认定为作品。邻接权在保护权利的内容和时效方面显著弱于著作权。权利内容上，可以参照录音录像制品的权利内容，包括允许他人复制、发行或者通过信息网络向公众传播并获得报酬的权利，但是不授予权利人像作品那样的著作人身权和表演权、广播权等著作财产权的保护。保护时间方面，目前著作权是生前及去世后 50 年内，而邻接权的保护期较短。生成内容具有邻接权保护客体的，倘若将生成内容认定为作品，则应当赋予著作权保护。

关于人工智能生成内容权利的归属也是法律无法回避的问题，即便生成内容不属于知识产权保护范围，作为物也需要明晰权属，方能达到"定分止争，物尽其用"的效果。当前关于人工智能生成物权利归属存在以下观点。有观点认为应当归属于公共领域，或者视为孤儿作品。美国版权局在最新的纲要中支持了这一观点，认为除了直接归属于人类作者的内容，应当进入公共领域。这种观点实际上并未予以人工智能生成物法律上的保护，可能促使这些生成成果流入市场也可能导致道德风险。也有观点认为可以赋予人工智能主体资格，由人工智能体作为作者。关于人工智能获得主体地位的理论困境已经在第十章进行了比较充分的阐述。此外，即便人工智能体作为作者，成果的经济效益还是要通过人类权利归属实现。目前主流观点认为通过拟制手段将生产内容的相关权利赋予人工智能相关人，如设计者、所有权人、操作者等。从理论设计上看，著作权法上存在法律拟制作者制度。目前著作权领域中会区分事实作者和法律作者，采取拟制手段将著作权赋予法人。美国 1909 年《版权法》创立了"视为作者原则"（"雇佣作品"原则），将没有实际参与创作的主体视为作品的法律作者。中国《著作权法》中也有职务作品制度，自然人基于其在法人或者其他组织工作任务范围内的作品，著作权属于作者享有，但法人或其他组织有权在业务范围内优先使用。至于究竟授予哪些相关者，则是复杂的利益衡量过程。英国《版权法》第九条第三款规定：对（由计算机生成的）作品的创作进行了必要安排的人"被视为作者"。所谓必要安排，英国法院在一个游戏页面案件中进行了一定阐述，法官认为游戏程序的设计者，对最终呈现在用户眼前的页面做了必要安排应当视为作者。

面对人工智能生成内容权利归属的争议，或许尚未到法律使权属争议尘埃落定的阶段，目前需要更多的实践积累经验。而在这一阶段，更多辅助手段有助于防范知识产权归属风险。一方面，可以通过标准、准则、指南等方式对人工智能参与者的行为积极引导，以及采取合同约定的形式对人工智能生成内容加以保护，当利益导向尚不明朗时，通过市场自行调节可为立法提供经验；另一方面，可以充分发挥地方立法活力，允许人工智能发展较快的地区先行探索权属分配经验。从技术激励和实际贡献角度看，将权利赋予人工智能所有人或操作者会更合理。

第三节　人工智能生成内容的专利权保护

相较于人工智能生成内容受到著作权法保护的诸多障碍，人工智能生产内容的专利权保护或许更为畅通。授予专利权的实质条件之"三性"判断分别是新颖性、创造性和实用性。专利判断的依据是客观结果而非创作过程。美国联邦法院曾经把"创造性天才之火花"作为授予专利权的依据，但是随后《专利法》修改废除了这一规则，所谓"火花"只是一种美好的比喻而不是专利授予条件或专利无效的因素。

人工智能生成内容获得专利保护的另一个特点是，当前人工智能在发明创造中主要扮演的是工具的角色。不同于在文学艺术创作领域高度的独立性，当前人工智能在发明创造方面担任的主要是辅助者，因此专利权归属争议较小。随着技术发展，不难预见人工智能可能独立实现创造发明，那么权利归属也将争议纷起。目前，各国的《专利法》只承认人类作为发明人。美国《专利法》[35 U.S. Code，Article 100（f）and（g）]仅认可人类作为发明人，尚未有承认机器或者动物等作为发明人的先例。《欧盟专利公约》规定专利权属于发明人或他的继承人。专利发明人的判断依据还是发明人是否对专利发明的创造性过程做出了直接而重要的贡献。[①] 因此，专利保护中可能面临与著作权相同的困境。考虑到专利具有明显的经济价值和实用意义，法律对权利归属的设计应当符合激励更多的创造发明增进社会整体福祉，应当将专利权授予人类，如人工智能的设计者或所有者。在美国已经有人工智能设计的卫星天线被授予专利权，专利权拥有者是该人工智能程序的设计者，这样的权利归属也是符合知识产权法经济效益要求的。

---

① 王瀚. 欧美人工智能专利保护比较研究[J]. 华东理工大学学报（社会科学版），2018（1）：96-101，116.

第十二章

人工智能时代的个人数据困境与应对

第一节 "裸奔"在人工智能时代

倘若说石油是第三次产业革命的血液，数据便是人工智能时代的养料，算法是人工智能的基本要素，需要大量的数据信息作为分析与研究的材料。与此同时，人工智能技术的发展对获取数据的体量、类型、方式和效率都将产生质的变化。化用狄更斯的话，这是一个数据传输极为便利的时代，也是一个数据泄漏稀松平常的时代，这是一个数据充斥街头巷尾的时代，也是一个数据保护备受关注的时代。人类在享受技术福利的同时，也面临着"裸奔"于社会的风险，个人喜好、经历、亲友关系等个人信息一览无余。

相较于传统手段，人工智能对个人信息权利的获取和侵犯有其特点。从数据的获取看，人工智能技术获取能力增加，移动设备、传感器、监控器等工具架构一张大网将人类生活记录在电子设备中。从数据的类型看，人工智能技术获取的数据类型多样，内容丰富，从文字图片到视频甚至直播，从个人一般信息到私密信息，技术触及人格信息的各个角落，数据内容真假难辨，数据保存时限也得到极大的扩展。从数据的利用方式看，人工智能下数据的分析和整合能力得到强化，通过对碎片化数据的分析，数据控制者能够迅速做出人物侧写。从数据利用看，数据在滋养人工智能产业发展的同时，也存在极大的滥用风险。例如，真实性存疑的数据传播给利益相关人带来困扰，人工智能决策的歧视算法和不透明政策可能给数据保护带来挑战。最后从数据侵害的防范看，人工智能的隐蔽性和技术化不仅可能加重数据侵害程度而且加大数据侵权者的确定。

人工智能技术掌握个人数据造成的风险远不仅限于数据的泄漏和恶意使用。人工智能还可能导致"信息茧房"效果，切断人们全面获取信息的路径，导致信息源的片面化或极端化。所谓"信息茧房"是指人类乐于关注符合自己喜好的信息，而人工智能可以通过算法推送符合用户喜好的信息从而导致个人接受的信息类型和观念固化，难以接受异质化信息。此外，人类交流萎缩，随着人工智能体掌握愈发丰富的人类信息，在沟通交流中显得善解人意，人类可能更多转向和人工智能体的交流而忽略了自然人之间的往来。人工智能时代还可能对信息侵权起到"放大镜"的作用，从侵害影响范围、时间和对象等方面扩展侵害后果。

在人工智能技术的滔滔浪潮下，个人难免被时代裹挟，被迫出让更多的数据自主权。个人数据带有一定人权与伦理色彩，倘若任由资本调节难免引发伦理质疑，损害个人公民权益。面对现实困境，通过法律寻找个人数据自治与放开数据访问渠道的平衡点，划定权利边界势在必行（图3-4）。

图 3-4　公民权利与技术发展的交锋

第二节 个人数据的性质之争

关于个人信息保护体系的建立,从个人数据性质的认识开始。目前关于个人数据的性质大致有4种观点,即隐私权说、基本人权说、人格权说、所有权说等。基本人权说主要来自欧盟,欧盟把数据保护提高到保护基本人权的地位,对数据的保护力度在全球是最为严厉的。这种对个人信息保护的定位有过度强化个人信息保护之嫌,在与信息自由流通及信息产业发展间容易产生摩擦。美国在隐私权的框架中保护个人数据,众所周知,美国法下的隐私权是一个涵摄范围极为广泛的概念。通过隐私权理论的发展吸纳个人数据权利承认了信息与隐私的密切关联。不过这种理论处理与美国隐私权体系的完备密不可分,因而不太适合移植到其他国家。人格权说以德国为代表,认为个人信息体现了一般人格利益,对其应采取人格权保护模式。人格权语境下的个人信息权侧重于信息的人身专属性,我国《民法典》将个人信息保护和隐私权并列为人格权编第六章。从立法体例看,虽然认识到个人信息与隐私权之间的微妙联系,但是考虑到我国隐私权概念涵摄范围和权利保护程度有限,我国选择在人格权项下保护个人信息并不排斥隐私权对私密个人信息的保护,但未充分体现信息的经济价值。鉴于人格权保护模式的这种不足,也有学者提出对个人信息以所有权方式予以保护,以充分实现信息占有、使用、处分、收益等权能,但未充分体现信息的经济价值。

个人数据究竟是人格权还是财产权影响对个人数据的认识和保护路径的选择,是研究的本质问题。隐私权最早由沃伦与布兰代斯在《隐私权》中提出,两位作者提出的隐私权建立在不可侵犯的人格上。他们认为随着大众媒体的兴起与私人空间日益被各种媒体所侵犯,有必要发展出一种普通法上的"一般隐私权利",普通法应当保护"思想、情绪和感受(thoughts, emotions, and sensations)"这些构成人格的要素。[1] 德国法也从人格权的路径发展隐私权。

---

[1] SAMUEL D WARREN, LOUIS D BRANDEIS. The Right to Privacy. 4 Harv. L. Rev, 2004.

人格权语境下的个人数据特别强调在使用和运输中的伦理效应，要特别重视对人权的保障，这些数据很难做价值衡量或进行交易。不过，也有学者从财产权的角度认识个人数据。阿兰·威斯丁便是从人类控制信息的角度认识数据隐私，他认为隐私表现为个人对其自身信息的控制。基于这样的观念，不少学者从强化对个人数据控制的角度探讨数据的保护，要保证个人对数据足够的控制，将数据视为所有人的财产，或能增加对个人数据利用的保护。基于这种观念，视为财产的个人数据可以许可使用、请求对价或赔偿等。①

相较于传统社会，个人数据的内容明显扩大。如果说原来的个人数据隐私只涉及种族、民族、宗教信仰等人身性特别强烈的内容，那么现有的数据包括相当部分人身联系比较弱而更具经济价值的内容，如个人的饮食偏好、运动习惯等，这些信息视作财产保护似乎未必不可。换言之，在人工智能时代，个人数据可能不仅呈现出人格权性质，也带有财产权倾向。因此，在个人数据保护中，不仅可以采用人格权的请求权依据也可参考财产权规则。无论是学术研究中还是立法实践中，个人信息存在的财产权倾向都受到了关注。

中国学者试图对数据的差异作分类以平衡数据应用与个人利益保护。一种分法是"两重区分"构造，这种构造区分个人一般信息和个人敏感隐私信息，对前者强调利用，对后者强调保护；②③ 另一种分法是"三重区分"构造，区分与自然人人格属性密切相关的"隐私信息"、经过加工分析后可以定位到个人的"间接个人信息"及经过加工难以识别个人的"加工信息"对于数据的使用应当以不可追溯的加工信息为核心，根据信息识别定位到个人的难易程度予以不同程度的权利保护力度。④ 不难看出，这些分类方法试图在数据的利用和个人

---

① 丁晓东. 什么是数据权利：从欧洲《一般数据保护条例》看数据隐私的保护 [J]. 华东政法大学学报，2018（4）：39–53.
② 张新宝. 从隐私到个人信息：利益再衡量的理论与制度安排 [J]. 中国法学，2015（3）：38–59.
③ 张新宝. 我国个人信息保护法立法主要矛盾研讨 [J]. 吉林大学社会科学学报，2018（5）：45–56.
④ 张平. 大数据时代个人信息保护的立法选择 [J]. 北京大学学报（哲学社会科学版），2017（3）：143–151.

隐私的保护中划分边界，实现人格意义和经济价值的平衡。区分思路或从信息内容入手，或从信息定位到个人的难度入手，从扩大信息利用的角度看后者能提供更大的信息利用空间。

立法论方面，欧盟《一般数据保护条例》（GDPR）在个人数据保护方面保留了很强的人格权保护色彩，却也透露了财产权意味。一方面，GDPR 确定默认原则，个人是数据默认拥有者，类似于对物的所有权，还对数据控制者或使用者苛以责任并以财产规则而非责任规则（一般在人格权中使用）架构救济手段；另一方面，GDPR 并不允许数据的自由交易，转让数据的所有权，换而言之，数据控制者和处理者在 GDPR 下使用数据需要遵守赋予数据主体的某些权利。[①] 目前，我国对个人数据和信息的保护侧重于人格权权能，但是《民法典》对个人信息的规定也考虑到个人信息的财产特征，如第 111 条规定不得非法买卖个人信息。

第三节　个人数据保护的新动向

一、欧美个人数据保护模式的差异

当前数据保护最为典型的模式分别是欧盟的法律保障模式和美国的行业自律模式。美国隐私权以信息保护为基础，在公领域采用分散立法模式，在私领域选择行业自律模式。[②] 由各行业自行订立信息保护标准，能较大限度保留不同行业获取信息的行业特点，增加个人信息保护的针对性，但是也导致一些明显的缺陷，如标准不具有普遍适用性，标准缺乏强制力，效力位阶低对消费者保护不力等。美国在 2015 年 3 月公布了《2015 年消费者隐私权法案》草案，这是

---

① 丁晓东. 什么是数据权利：从欧洲《一般数据保护条例》看数据隐私的保护 [J]. 华东政法大学学报，2018（4）：39-53.
② 数据人. 美国信息隐私立法透析 [EB/OL]. (2016-10-08) [2019-07-03]. http://www.sohu.com/a/115633131_500652.

一种建立在情景思路下的数据保护规定。大数据时代,个人信息的使用场景纷繁复杂,数据样态内容各异,因此很多学者倾向认为数据保护的边界并非固定、僵化的,而是主观的、动态的,并受多重因素影响,因此要特别关注信息应用的情景,在情景中数据主体对合理使用的期待和预见。如何界定"合理使用"的情景,即构成了个人信息保护的边界。个人信息处理是否合理,取决于引发的影响能否为用户所接受,或是否符合用户的"合理预期"。

欧盟执着于在联盟国家中建立标准化的保护模式,因而采用法律保障模式。欧盟国家有重视隐私保护的历史传统,并将个人信息作为不可剥夺的人权。[1][2] 欧盟成立不久,便发布了《个人信息保护指令》("九五指令"),旨在推动个人信息保护在各国得到贯彻并保障各项信息在成员国间依法流动。2016 年欧盟通过了《一般数据保护条例》(GDPR),并于 2018 年正式生效并代替九五指令。欧盟对数据保护采用"一站式管理机制",设置信息管理的领导机构和相关机构,其中主要经营地的信息保护机关为领导机构,这些机构间相互保持密切联系,以实现高效低成本的监管。

上述两种立法模式均有追随者,如澳大利亚和新加坡积极主张行业自治模式,而德国等欧盟国家则尊重 GDPR 的信息保护框架。还有国家则兼取两种模式,如新西兰采用法律保护与行业自律结合的共同管制模式。考虑到中国一元两级多层次的立法体制和并不发达的行业协会,美国的立法经验或可借鉴但是模式难以移植。欧盟统一式法律规则或更具借鉴价值。

二、GDPR 立法亮点纵览

《一般数据保护条例》(以下简称《条例》)被称为"史上最严数据保护条例",

---

[1] BARTOSZ M MARCINKOWSKI.Privacy paradox (es):in search of a transatlantic data protection standard[J].Ohio State Law Journal,2013,74 (6):1188 – 1189.

[2] 刘云.欧洲个人信息保护法的发展历程及其改革创新[J].暨南学报(哲学社会科学版),2017 (2):72-84.

一方面，扩张数据保护的管辖范围；另一方面，在隐私法和数据保护方面有创新性举措值得关注。

《条例》设置了宽泛的管辖范围，根据第三条第二款的规定，境外企业数据服务如果涉及"为欧盟内的数据主体提供商品或服务——不论是否要求数据主体进行支付"或者"监控发生在欧洲范围内的数据主体的活动"时，就受到《条例》的规制。无论是中国企业对中国公民在欧盟境内使用 APP 的信息收集还是对欧盟公民信息的收集都需要遵守《条例》的规定。欧盟对《条例》管辖权的扩张反映出当前个人数据保护方面的立法倾向。一方面，随着全球化的深入和人口的流动，数据流动频繁因而有扩张管辖的现实需求；另一方面，更多企业和自然人的遵守将扩大规则的影响力，世界各级对法律管辖权的扩张是争夺人工智能时代规则制定的话语权的方式。

《条例》确立了个人数据处理的一般原则，透露出数据保护的基本态度。第一，数据的处理应当合法、合理和透明；第二，数据的收集应当遵循具体目的限制原则，数据的处理使用不应违背目的；第三，数据最小化原则避免对个人数据领域不必要的"入侵"；第四，准确性原则，存储的数据应当保证准确，对数据的错误应当及时更正或擦除；第五，数据限期储存原则，特别是对能够识别具体个人的信息原则上在实现数据收集目的后应当销毁；第六，诚信与保密原则。

《条例》的另一亮点是丰富了数据主体所拥有的权利，根据《条例》第 15 至第 22 条规定，数据主体对个人数据享有访问权、更正权、擦除权与携带权。所谓访问权指"数据主体应当有权从控制者处得知，关于其个人数据是否正在被处理"及处理的相关信息；所谓更正权是指"数据主体应当有权从控制者那里对与其相关的不正确信息的更正获得及时通知"；所谓擦除权，又称被遗忘权，是指"数据主体在某些情形下可以要求数据控制者擦除个人数据"；信息携带权则指"数据主体可获得提供给数据控制者的数据，获得的数据应当是经过整理、

机器可读和普遍使用的"。①~③

　　擦除权是国内外颇为关注的话题。擦除权（又称被遗忘权④）是20世纪后半叶个人信息保护的产物，其产生背景是计算机时代个人信息可以无限制地存储并通过网络传播的方式滥用。欧洲关于擦除权的著名案件是冈萨雷斯诉谷歌案，谷歌及《先锋报》刊登了一则关于原告16年前无力偿债而被法院强制拍卖不动产的新闻，原告认为债务危机早已解决要求报社移除或修改网页使这些信息不再出现，或者采取技术措施使这些信息不再出现于搜索范围内。最终法院采取区别对待法，支持原告要求谷歌擦除基于姓名检索而获得上述新闻。谷歌以断开链接的方式实现擦除，此后谷歌又在一年内收到40余万例要求擦除信息的申请。案件审理中遗留了许多争议，如信息擦除的条件、信息擦除的方式、擦除信息的范围等都需要落实。这次《条例》在《个人数据保护指令》的基础上创设了"擦除权"。第17条规定了6种可以擦除的信息⑤、5项例外⑥和技术

---

① 金晶.欧盟《一般数据保护条例》：演进、要点与疑义[J].欧洲研究，2018（4）：9-34.
② 刘云.欧洲个人信息保护法的发展历程及其改革创新[J].暨南学报（哲学社会科学版），2017（2）：72-84.
③ 丁晓东.什么是数据权利：从欧洲《一般数据保护条例》看数据隐私的保护[J].华东政法大学学报，2018（4）：39-53.
④ 严格来讲，欧盟在GDPR中同时使用擦除权和被遗忘权，两者的权利内容，救济方式等存在差异。为简化讨论，本章中不区分擦除权和被遗忘权。
⑤ 数据主体有权要求控制者无不当延误地删除有关其的个人数据，并且在下列理由之一的情况下，控制者有义务无不当延误地删除个人数据：（a）就收集或以其他方式处理个人数据的目的而言，该个人数据已经是不必要的；（b）数据主体根据第6条第1款（a）项或第9条第2款（a）项撤回同意，并且在没有其他有关（数据）处理的法律依据的情况下；（c）数据主体根据第21条第1款反对处理，并且没有有关（数据）处理的首要合法依据，或者数据主体根据第21条第2款反对处理；（d）个人数据被非法处理；（e）为遵守控制者所受制的联盟或成员国法律规定的法定义务，个人数据必须被删除；（f）个人数据是根据第8条第1款所提及的信息社会服务的提供而收集的。
⑥ 当处理（数据）对于以下情形而言是必要的时，则第1款和第2款不适用：（a）为了行使言论和信息自由的权利；（b）为了遵守需要由控制者所受制的联盟或成员国法律处理的法定义务，或为了公共利益或在行使被授予控制者的官方权限时执行任务；（c）根据第9条第2款（h）、（i）项以及第9条第3款，为了公共卫生领域的公共利益的原因；（d）根据第89条第1款，为了公共利益的存档目的、科学或历史研究目的或统计目的，只要第1款所述的权利很可能表现为不可能的或者很可能严重损害该处理目标的实现；（e）为了设立、行使或捍卫合法权利。

措施，通知正在处理个人数据的控制者，数据主体已经要求这些控制者删除该个人数据的任何链接、副本或复制件的技术方式。

值得一提的是，中国有出现过类似案件，即任甲玉诉百度案。原告曾任职于陶氏教育但已离职，他检索自己姓名出现陶氏教育相关搜索，原告认为这给自己造成名誉损害，因此向法院请求依据被遗忘权获得救济，要求百度搜索断开相关搜索陶氏教育的链接。由于中国法律并无被遗忘权概念，法院考察了本案原告是否可依据一般人格权主张权利，最终没有支持原告诉讼请求。作为中国公民被遗忘权第一案，本案引发了学界对公民信息权边界的讨论，《民法典·人格权编（草案）》极有可能吸纳被遗忘权等公民信息权。

《条例》对个人敏感数据的处理分析采取更为严格的规制态度，并引入"数据画像（profiling）"的概念。数据画像是指通过自动化方式处理个人信息的活动，用于分析预测个人健康状况、个人偏好、信用、兴趣、定位等内容。数据画像通过数据分析可能侵入个人的私密领域，因此对这一行为有严格的规定只能在成员国法律明确手段，数据主体明确同意或者出于履行与数据主体的合同情形下才可进行。数据画像的概念实际上也是在区分一般性的数据信息收集和能够通过分析定位到个人的信息情形。

三、中国个人数据保护的依据与发展

中国个人数据和信息的保护与隐私权、人格权交织在一起。我国个人信息权保护以《民法总则》颁布为界可以分为两个阶段。《民法总则》颁布以前，对个人信息权保护的规定零散分布在法律体系中，司法实践主要通过保护隐私权、名誉权等人格权的方式来保护个人信息。《民法总则》增加了个人信息保护的规定，将个人信息保护独立出来，信息权受侵犯可以作为独立请求权。孙伟杰诉鲁山县农村信用合作联社侵犯公民个人信息权一案便是在《民法总则》颁布以后典型的个人信息保护纠纷。此后，针对人工智能时代的数据风险，《民法典》的出台尝试对个人信息权进行系统性规定，完善关于个人信息范围、个

人信息处理和保护、个人对信息的权利等方面的规定。

《民法典》出台以前，《宪法》第38条规定公民人格尊严不受侵犯，这是我国人格权保护的兜底性条款。《侵权责任法》第2条规定了公民享有姓名权、肖像权、名誉权、荣誉权、隐私权等具体权利，可在主张特定个人数据保护时援引。2012年年底发布的《全国人民代表大会常务委员会关于加强网络信息保护的决定》，第一条规定国家保护能够识别公民个人身份和涉及公民个人隐私的电子信息。2014年最高人民法院在《关于审理利用信息网络侵害人身权益民事纠纷案件适用法律若干问题的规定》首次划定个人信息范围，指出公开自然人基因信息、病例资料等个人隐私和其他个人信息的应当承担侵权责任。此外，妇女、未成年人等各群体利益在部门法中也有针对性规定。

2017年我国首部《民法典》的"序曲"《民法总则》颁布生效，《民法总则》第111条规定："自然人的个人信息受法律保护。任何组织和个人需要获取他人个人信息的，应当依法取得并确保信息安全，不得非法收集、使用、加工、传输他人个人信息，不得非法买卖、提供或者公开他人个人信息。"随后，个人信息权和隐私权作为人格权的重要组成部分在《民法典》中独立成编。需要指出的是，立法过程中对个人信息以权益还是权利的形式入法曾有争议，考虑到人工智能时代个人信息保护和利用的平衡，《民法典》最终采纳了以权益形式保护个人信息的意见。

《民法典》回应了学界对个人信息当前最为关切的几个问题。第一，个人信息权和隐私权的关系。从法律的规定看，立法者突出信息和隐私权概念相互联系并不等同。个人数据对应个人信息，不是所有个人信息都属于隐私权保护范围。个人信息中的隐私信息可以适用隐私权的规定，也可以同时使用个人信息保护的规定。第二，个人信息的范围。《民法典》认定的个人信息范围比现行《网络安全法》范围更为广泛，包括电子或者其他方式记录的能够单独或者与其他信息结合识别特定自然人或者反映特定自然人活动情况的各种信息，除了基本的人身信息，还可以涵盖健康信息、生物识别信息和行踪信息等内容。值得注意的是，相较先前的《民法典·人格权编（草案）》，秘密这一相对宽泛的表述并未被最终采纳，这在一定程度上也反映了立法者避免个人信息概念过于宽泛而对信息保护和应用带来不利影响。第三，个人信息的处理原则和责任。本次立法确立个人信息的使用须遵守"合法、正当、必要"原则，强调个人信息不得过度处理。可以预见是否过度处理信息可能成为未来个人信息争议案件的焦点，有待更多研究。同时，立法严格限制了个人信息处理的免责事由，限制在自然人或其监护人同意，已公开信息且自然人未明确拒绝或对自然人重大利益造成侵害及维护自然人合法权益或公共利益三种情况。第四，个人信息安全保护责任问题。本次立法细化了信息处理者的信息安全保障义务。要求信息处理者采取必要技术及其他措施保障不泄露、篡改或丢失储存的个人信息，如出现个人信息泄露、篡改、丢失的需及时采取补救措施并告知自然人与有关部门。本次立法还明确了国家机关、承担行政职能的法定机构及其工作人员对在执行职务过程中获取信息有保密义务。第五，信息主体对个人信息享有的权利。本次立法特别规定了信息主体拥有对个人信息的查阅权、复制权、更正权和请求删除权。

第四节 站在个人数据保护的十字路口

人工智能时代的个人数据保护是利益交织充满矛盾的，个人数据立法何去何从或许与立法政策导向息息相关，个人数据保护应当以利益衡量为基本原则。

首先，应当正视人工智能技术发展与数据自治存在的矛盾。弱人工智能时代机器的学习、算法的演进均需要大量数据作为支撑，因此从各国的人工智能产业布局和规划看，畅通数据获取的渠道是政府的重点工作之一。然而另外一面则是数据与公民私益息息相关有明显的人身属性，数据肆意获取无异于将公民推进裸奔于信息时代的风险，是对公民依据宪法获得的基本权利的损害。面对个人信息保护与技术发展两向需求，或许可从数据分类、数据流通渠道两个方面探索出路。从数据分类角度看,无论是采取两分还是三分法,关键是对偏向人格权的数据与偏向财产权的数据进行划分。对于前者强调数据保护,赋予数据主体充分的自决权,包括决定数据公开程度、利用方式和利用时间等,对数据控制者和使用者施加严格的数据保护和管理责任;对于后者强调数据经济价值,通过默认同意或原则公开等制度设计保证数据经济效益得到充分的开发。从数据流通渠道看,有学者指出隐私必须放在社群的语境中理解,个人的合理空间或人格都是由社会构成的,只有在社群共同体,个人的合理空间或人格才具有实现可能。[1] 这意味着对个人数据而言如果社会有较为畅通的信息和数据流通机制,那么侵犯个人数据的行为反而会下降。[2]

其次,个人数据的走向是数据主体、数据控制人和使用者三方利益平衡的结果。相较于数据控制人和使用者,数据主体势力弱小,法律应当予以相对优越的保护地位。我国法律也可以在数据自决基本原则下,数据主体要求删除数据、更正数据、数据获取和携带等权利。同时对数据控制人的责任不宜超过合理界限,可设置安全港条款,提供获得信息和管理信息的基本管理范式,如通知—修正原则、事前同意规则等,在数据控制人遵守相关规则但仍造成实际数据侵害时免除对数据控制人的严苛的数据侵犯责任。

最后,要关注个人数据保护的跨境合作。一是全球化语境下,倘若没有法律特别规定,在技术层面数据控制者对数据主体数据的搜集几乎是没有国界的。例如,中国网民可能通过微软必应搜索而将个人 cookie 信息留在浏览器中,也可能在跨境旅游中留下个人足迹。这意味着数据的持有可能是跨境的,因而一方面有必要建立数据保护的国际合作;另一方面有必要重新审视数据保护规范的管辖范围。二是个人数据保护领域正面临规范重新搭建的契机,无论是商业

---

[1] ROBERT C POST.The Social Foundations of Privacy:Community and the Self in the Common Law Tort[J].Califomia Law Review,1989,77(5):962.
[2] 丁晓东.什么是数据权利:从欧洲《一般数据保护条例》看数据隐私的保护[J].华东政法大学学报,2018(4):39-53.

应用数据的规范还是个人数据权利边界均在变动中，积极参与跨境合作，了解欧盟、美国等国家和地区数据保护动态有助于提升数据保护领域规则构建中的话语权。中国坐拥14亿人口，数据量远超过其他国家，这既是中国人工智能技术发展的重要资源，也是个人数据管理保护对中国更为严峻的考验和更为深远的影响。倘若不能参与个人数据保护的构建探讨，对中国公民数据保护和人工智能的推进都是不利的。

第十三章

人工智能时代的竞争法走向

第一节　新技术破坏竞争秩序的风险端倪初现

算法在市场中的广泛应用推动数字经济繁荣。算法作为市场分析的手段，有助于开展市场调研，接收市场反馈，改善既有产品的品质或研发新产品。算法或能在消费者与产品和服务提供者之间搭建合理的沟通和反馈机制，从而降低交易成本、提高交易质量和交易速度，这无疑是有利于增进社会整体福祉的。对于消费者而言，算法也可能是快速匹配产品和服务的工具。Gal 与 Elkin-Koren 曾提出"算法型消费者"（algorithmic consumers）[1][2] 概念，用以描述数据驱动型市场环境下，消费者借助算法进行购买决策而带来的决策过程的变化。

然而，算法在市场竞争中的双刃剑特征也十分明显。算法可能被用于规避现有法律规定实施各类反竞争行为。目前，最受关注的算法反竞争行为是"算

---

[1] GAL MICHAL S, ELKIN-KOREN N.Algorithmic Consumers[J].Harvard journal of law and technology, 2017（30）：1-45.
[2] 韩伟.算法合谋反垄断初探：OECD《算法和合谋》报告介评[J].竞争政策研究，2017（6）：68-77.

法合谋（algorithmic collusion）"，即将算法作为合谋促进要素，出现传统市场中未曾出现或不能实现的新式合谋。算法合谋的概念由牛津大学法学教授 Ariel Ezrachi 和美国田纳西大学法学教授 Maurice E.Stuckle 共同提出。2015 年美国司法部指控亚马逊网站某经营海报业务的商家的员工 Topkins 利用算法实施反竞争行为。本案被告 Topkins 与亚马逊网站上其他经营海报业务的卖家达成一致，使用计算机算法，控制海报定价，实现各经营者的同类海报价格一致。这种行为被认定为是违反反垄断法的算法合谋。除了平行企业间的算法合谋，还存在轴辐类算法合谋行为。同样是在 2015 年，Spencer Meyer 对 Uber 的管理人员提起反托拉斯集体诉讼，指控其提供的车费计算统一算法是一种合谋行为。虽然 Uber 允许司机和乘客就车费自行协商，但由于统一的车费计算算法使得司机间并不存在价格竞争，因而未能真正激励司机提供更为优惠的价格。不过该案件进入强制仲裁程序，因而法院对这一行为是否属于合谋的观点不明。

新技术对市场竞争的另一风险来自数据滥用和获取用户关注的不正当竞争行为。数据经济下，数据是重要经济资源，对于数据的滥用不仅可能涉及第十二章所分析的对个人财产权和人格权的侵犯，也可能构成不正当竞争行为。与海量数据相对，人类注意力确实是有限的，因此人工智能时代数据的收集、分析和应用最终是为了夺取用户的注意力，这才是数据经济中最为宝贵的财富和所有竞争手段的目的所在。而今仅在互联网平台上便已经存在大量新型不正当竞争行为，其中最为常见的是干扰行为，具体可以分为软件排斥、修改他人软件（包括屏蔽广告）、修改他人网页等类型。由于反不正当竞争是行为导向性法律而非权益导向性法律，即以规定各类不正当行为而非划定应当保护的权利的立法设计，行为样态丰富不易确定因而认定中有较大不确定性。例如，"脉脉"非法抓取使用新浪微博用户信息案件便是中国大数据时代不正当竞争纠纷案。该案件中脉脉上线之初因为和新浪微博合作，用户可通过新浪微博账号和个人手机号注册登录脉脉，用户注册时还要向脉脉上传个人手机通讯录联系人。此后，脉脉通过访问用户通讯录，非法获取该联系人与新浪微博中相关用户的对应关系,将这些人作为脉脉用户的一度人脉予以展示,并将非法抓取的该人新浪微博职业信息、教育信息进行展示。最终法院认定两被告非法抓取、使用新浪微博用户信息的行为构成不正当竞争。

新技术给市场注入新活力引发新经济增长点却也对现行的竞争秩序构成挑战。如何认识与应对这些争议是对竞争法的考验,也是对政府执政能力的挑战。面对算法垄断和新型不正当竞争行为,我们需要从反垄断法和反不正当竞争法的制度特殊性出发,探讨应对之策。

第二节 新技术下的算法垄断及其应对

一、算法垄断的样态

传统合谋通过经营者相互协商达成合意,并共同维持一致价格的过程,算法的发展给合谋提供更多的方式。① 第一类合谋是算法作为协助合谋的工具,例如,算法自动抓取竞争者的定价信息,并将经营者定价与竞争者调整到同一水平,这种情况下合谋比较隐蔽,因为单个经营者也可能通过观测竞争对手价格的方式跟随调整价格。在传统手段时期,合谋与单独的跟随政策差距较大,经营者未经合谋观测的价格存在滞后性,但是在算法的帮助下,这种时间滞后将大幅缩短,因此判断难度也会增大。

第二类合谋是通过算法发出特定的合谋信号,并捕捉对方的反应,一般来说是对方会随即响应价格的变化。这种合谋方式方便经营者默示达成协议,增加执法认定的困难。在传统合谋中,经营者之间必须有形式上的合谋协议或可

---

① 算法垄断的分类有多种,有文章分为:信使类共谋,轴辐类共谋,预测类共谋和自主类共谋,参见:李振利,李毅. 论算法共谋的反垄断规制路径 [J]. 学术交流, 2018 (7): 73-82;有文章分为:算法作为工具的明示合谋,利用算法实施的跟随行为;利用算法实现的默契合谋和介于默契合谋与明示合谋之间的合谋,参见:蒋力. 算法合谋的反垄断法分析 [D]. 武汉:武汉大学, 2018.

推定为合谋的磋商行为,例如,在出现疑似合谋操纵价格时,如果执法机关查到经营者同时去某度假区开会,且不能排除进行合谋的嫌疑的,可能被视为合谋的证据。通过算法发出的信号达成默示协议认定上便比较困难,可能需要破解相关算法,而算法的透明度和披露程度又很有限。

第三类合谋是经营者各自采用相似的算法而实现的合谋,这种合谋方式各个操纵着独自研发确定价格的算法,但是由于这些算法的相似性因而最终可以实现合谋的效果。对于这类合谋方式缺乏足够证据证明合谋协议的存在,也不能否定各经营者研发价格监测算法的正当性,但仍需区分正当的定价算法研发和出于合谋目的的定价算法。

最后一类是人工智能自主实现的共谋。人工智能可以通过不断学习及对市场变化的分析,提高自动调节价格以适应市场供需。此时倘若人工智能通过算法得出合谋是经营者获利的最优选择,则人工智能会自动为经营者匹配合谋的策略。人工智能的自主共谋中,经营者无须达成合谋的一致意图,甚至都对合谋并不知情,但是仍然会带来合谋的危害,这种合谋在当前的反垄断法框架下不能得到制约,而这类合谋可能对市场带来大于经营者主观合谋的危害。

从各类人工智能参与的合谋行为样态来看,算法合谋具有速度快、行为隐蔽、波及范围广和危害大的特点。通过算法合谋,经营者之间磋商合谋的信号更为隐蔽,难以把握,执法审查和认定难度增大。此外,由于人工智能出色的算力,算法无论是通过合谋还是单方跟踪的方式,均能迅速获得最优价格,这使得正当的定价策略与算法合谋的外在形式更为相近,辨别难度加大。借助算法,经营者可以联合更多的竞争者共同实现合谋,也可以在更广泛和细致的产品分类上实现共谋。

二、算法合谋的反垄断规制应对

算法合谋的实现离不开价格信息的透明化和易得性,而这又不能成为反垄断法防止算法合谋的方式。因此，反垄断法需要寻求其他的规制路径。

目前来看，扩大协议的概念，融入主观意图的判断或许是反垄断对算法合谋执法的出路。有明确的合谋协议的情况当然属于反垄断法所限制的合谋，但是合谋还可能通过形式上更加模糊的约定实现。例如，经营者各方基于合谋的合意，通过协商达成共享动态定价算法的约定。这样的约定与传统的合谋协议内容不同，并没有直接就价格进行固定或限制，而是单纯的共享算法。即使动态定价算法根据市场条件的变化最终导致价格一致的结果，根据目前协议的概念也很难把共享算法的约定视为反垄断法意义上的协议，经营者依然可以抗辩称这只是经营者之间的技术交流。但是，这样通过协商共享动态定价算法的行为，对竞争的损害性和明示合谋非常类似，甚至更为严重，因此不应当将此排除反垄断法规制范围。

另一个需要探讨的问题是谁应当对合谋行为负责。当人工智能仅仅作为确定价格或发出合谋信号的工具时，自然可以认为经营者应当对合谋行为负责。然而在人工智能技术发展至更为独立的情况下，人工智能主动做出的合谋决策是否应当归责于经营者？我们认为，从利益衡量角度看是肯定的。经营者是人工智能算法的使用者，应当对算法做出的价格策略有合理的期待并做足够的关注，此外经营者是合谋利益的获得者，相较于消费者而言应当承担相应的不利后果。

第三节 新技术下的不正当竞争认定

一、互联网不正当竞争行为认定困境

互联网不正当竞争行为主要分为两类：一类是传统不正当竞争行为在互联网新环境下的延伸拓展，如市场混淆、商业诋毁、虚假宣传等，这类行为可适

用现有的《反不正当竞争法》理论和规定；另一类则是在互联网特定环境下涌现的新型不正当竞争行为，如非法抓取数据、非法断开链接、软件恶意排斥等行为。①后一类案件在当前中国司法实务中占有相当比例，但法律规定较为粗糙。

中国新《反不正当竞争法》（以下简称《反法》）实施前，并无具体法律条文予以规制，因此法院审理中援引原《反法》第二条一般条文条款认定竞争行为的正当性。而今虽然《反法》第十二条为互联网专条，以列举加兜底的方式规制互联网不正当竞争行为，但是该条文周延性稍显不足②③，相当部分互联网不正当行为的认定转而依靠该条第一款第四项的兜底情形。因而对相当部分互联网新型不正当竞争行为的认定需要依靠法官通过利益衡量架构法律一般条款适用于具体行为的桥梁。事实上，法院在审理过程中发展出"协商—通知"④"非公益必要不干扰原则"等具体审判规则，然而这些规则中透露出的利益衡量分析路径和妥当性不无疑问。

例如，在百度诉奇虎插标和流量劫持案件中，法院创设了互联网新型不正当竞争行为认定的"非公益必要不干扰原则"，架构了具体竞争行为通向法律一般规定的桥梁。根据这一原则，互联网产品或服务应当和平共处，自由竞争，是否使用某种互联网产品或者服务应当取决于网络用户的自愿选择；互联网产品或服务之间原则上不得相互干扰；确实出于保护网络用户等社会公众的利益

---

① 有学者将互联网新型不正当竞争分为：阻碍软件安装运行，修改他人互联网产品或服务和屏蔽互联网广告三种。参见：周樨平.竞争法视野中互联网不当干扰行为的判断标准：兼评"非公益必要不干扰原则"[J].法学，2015（5）：92-104.有学者分为流量劫持，抓取数据，屏蔽广告，产品不兼容四类。参见：李阁霞.互联网不正当竞争行为分析：兼评《反不正当竞争法》中"互联网不正当竞争行为"条款[J].知识产权，2018（2）：20-30.还有学者分为：某个软件中设置排斥其他软件的源代码，直接修改他人软件产品和通过第三方插件在软件客户端截获并修改他人网页数据。参见：宋亚辉.网络干扰行为的竞争法规制："非公益必要不干扰原则"的检讨与修正[J].法商研究，2017（4）：91-100.
② 王红霞，尹玉涵.互联网新型不正当竞争行为的司法认定：兼论新修《反不正当竞争法》的适用[J].电子知识产权，2018（11）：54-66.
③ 蒋舸.《反不正当竞争法》网络条款的反思与解释：以类型化原理为中心[J].中外法学，2019，31（1）：180-202.
④ 百度诉奇虎360违反Robots协议案（2013）一中民初字第2668号。

的需要，网络服务经营者在特定情况下不经网络用户知情并主动选择，以及其他互联网产品或服务提供者同意，也可干扰他人互联网产品或服务的运行，但是应当确保并证明干扰手段的必要性和合理性。这一原则引入公益概念和必要性的考量，无不透露出利益衡量色彩，并在此后被多个案件引用，但是这一原则的合理性和可适性都引发了巨大争议。最主要的批评是以"一般违法，特殊除外"的特定行为规则评判体现了一种禁止的竞争观念，不能很好地适用互联网竞争行为多样化的现实，可能损害自由竞争。

法院对新型不正当竞争行为审理的困境是可预见的。一方面，新型不正当竞争行为的样态丰富，法律规定下的类型远未能涵盖技术发展中新出现的不正当竞争行为，这些竞争行为的不正当性也趋向隐蔽化、技术专精化，法院借助一般性规范予以审理的难度很高；另一方面，大数据和人工智能领域尚属于蓝海领域，商业规范尚在构建过程中，这意味着缺乏成熟经过实践检验得到广泛认同的商业道德作为裁判依据，而法院主动总结互联网市场的竞争规范，如上文提到的非公益必要不干扰原则，往往可能招致批评和质疑。面对新型不正当竞争行为，把握《反法》理念，完善立法规范，利益衡量框架下进行个案裁量视为出路。

二、反不正当竞争法的利益取向与基本理念

不正当竞争法的现代化进程是消费者利益的纳入和功能性市场观念建立的过程。19世纪后半期，随着自由贸易观念的确立（1791年法国大革命时率先确立），近代反不正当竞争法在欧洲工业化国家应运而生。德国开创了不正当竞争专门立法先例。前《巴黎公约》时期的反不正当竞争法是维护市场竞争或者竞争秩序的，特别是保护经营者利益。此后，《巴黎公约》将反不正当竞争法与工业产权结合起来，作为在不能以工业产权方式保护经营者权利时的辅助手段。此时，保护对象限定为经营者或者竞争者，而不是消费者。

后《巴黎公约》时期，WTO的《知识产权协定》并未规定反不正当竞争条款，

反不正当竞争法的现代化主要由欧美国家通过改革国内法而推动的。欧陆国家传统的"诚实的商业习惯做法"标准是一种伦理标准,强调的是商业道德。现代化过程中,由此种传统方法转向"功能性的市场取向方法"(the functional market-based approach),即一种确保使有效率的市场竞争成为市场经济核心手段的方法。欧陆国家认定竞争行为正当性时引入经营者、消费者和市场秩序为代表的公共利益"三叠加"的考量。[1][2]2005 年欧盟发布了调整经营者与消费者之间行为的《不公平商业行为指令》(UCPD),重在保护消费者利益并影响了欧洲国家反不正当竞争法规范,各国通过修改反不正当竞争法以实施该指令的规定。[3]其中,德国的立法最具代表性。德国 2004 年《反不正当竞争法》修订,第一条明确规定保护竞争者、男女消费者及其他市场参与者,同时保护公众享受不被扭曲的利益。这次修订有两点值得关注,一是明确对消费者的保护;二是引入功能性市场取向(the functional market-based approach),市场不受扭曲。德国 2008 年对《反法》的一般条款作进一步完善,提出不正当竞争行为还包括针对消费者的行为,凸显了消费者利益的保护,故德国学者称之为"消费者一般条款"。2010 年 3 月,德国联邦法律公报又公布了针对《反不正当竞争法》第三条第三款所指的消费者不正当经营行为的 30 条附件,即"黑名单条款"。[4][5]相似的,瑞士反法开篇第一条即明确立法保护有关各方当事人利益,立法目的是维护各方有关利益而确保公平和不受扭曲的竞争。波兰反法草案便透露出对公众利益和顾客利益构成侵害的属于不正当竞争行为。此后,波兰 1993 年修订通过的《反不正当竞争法》第一条也规定保护消费者利益是立法目的。由此可见,

---

[1] 孔祥俊.论反不正当竞争法的现代化[J].比较法研究,2017(3):37-55.
[2] 刘维.论软件干扰行为的竞争法规制:基于裁判模式的观察[J].法商研究,2018(4):183-192.
[3] 陈耿华.互联网时代消费者在中国竞争法中的角色重塑与功能再造:兼论《反不正当竞争法》的修改[J].江西财经大学学报,2018(2):118-130.
[4] 汉斯-于尔根·阿伦斯:德国《反不正当竞争法》的最新修订[J].陈戈,译.中德法学论坛,2005(0):167-175.
[5] 李阁霞.互联网不正当竞争行为分析:兼评《反不正当竞争法》中"互联网不正当竞争行为"条款[J].知识产权,2018(2):20-30.

该法与2004年德国颁布实施的《反不正当竞争法》立法目的是一致的。其他欧洲大陆国家也大多承继了德国《反不正当竞争法》的理念，对消费者、竞争者和竞争秩序三叠加保护。①

普通法中，不正当竞争性的源起与消费者利益保护密切相关。普通法中不正当竞争最早属于"仿冒"侵权，被告对原告商业标记的欺诈仿冒既损害了消费者利益，同时也损害了作为竞争对手的原告的商誉和商业利益。通过市场的调节作用，才能够进行资源的合理配置，生成正常的价格和交易行为，使社会福利最大化。美国也承认了不正当竞争保护利益的多向性。1914年制定的美国《联邦贸易委员会法》第五条属于一般条款，被司法判例拓展为3个领域，即保护竞争的效率、保护企业免受不正当竞争的危害及保护消费者免受不正当竞争或者误导性做法的危害。美国联邦贸易委员会于2015年发布的《关于〈联邦贸易委员会法〉第五条的执法原则声明》明确表示，反不正当竞争执法将会依照反垄断法保护消费者利益的公共政策展开，并在合理原则的框架下结合效率等因素评估有关行为对于竞争过程的影响。②③联邦最高法院认为该条是对市场参与者和消费者免受任何形式的不正当竞争或者误导性做法危害的全面保护。④

世界知识产权组织于1996年提出《反不正当竞争示范条款》，该示范条款是为实施反不正当竞争领域的国际义务而提供指南。该示范条款放弃了《巴黎公约》第十条之二对不正当竞争行为认定的传统界定模式，澄清了消费者也属

---

① 李阁霞. 互联网不正当竞争行为分析：兼评《反不正当竞争法》中"互联网不正当竞争行为"条款[J]. 知识产权，2018（2）：20—30.

② Statement of Enforcement Principles Regarding "Unfair Methods of Competition" Under Section 5 of the FTC Act. 参见：https://www.ftc.gov/system/files/documents/public_statements/735201/150813section5enforcement.pdf.

③ 王红霞，尹玉涵. 互联网新型不正当竞争行为的司法认定：兼论新修《反不正当竞争法》的适用[J]. 电子知识产权，2018（11）：54—66.

④ 《联邦贸易委员会法》第五条规定"不正当竞争"非法，但没有对不正当竞争行为进行界定。美国联邦最高法院认为违反《谢尔曼法》的同样违反《联邦贸易委员会法》第五条，但该条还涵盖《谢尔曼法》调整范围以外的行为。参见：安德烈亚斯·凯勒哈斯. 从华盛顿，布鲁塞尔，伯尔尼到北京：竞争法规范和功能比较[M]. 杨华隆，武欣，译. 北京：中国政法大学出版社，2013：11.

于保护之列。示范条款甚至赋予消费者及消费者协会申请反法救济的权利。示范条款是基于巴黎公约反不正当竞争条款的开放态度,所做出的示范性规定,体现了"国际反不正当竞争法对于实际问题和需要的适应性"。以功能性市场取向方法塑造不正当竞争认定标准,强调竞争自由和市场效率的观念和理论的转变。①

中国反不正当竞争行为规范的制度理念随着市场化经济改革的深入和学界的奔走呼号朝着现代化迈进。2017 年中国《反不正当竞争法》修订,将不正当竞争行为的定义从"经营者违反本法规定,损害其他经营者的合法权益,扰乱社会经济秩序的行为",修改为"经营者违反本法规定,扰乱市场竞争秩序,损害其他经营者或者消费者的合法权益的行为",这次修改明确将消费者利益纳入竞争行为正当性的考量因素,符合世界反不正当竞争法的现代化进程。

总之,这一时期是反不正当竞争法的现代化时期,主要标志是 20 世纪中期消费者运动的影响与消费者元素的引入,使其保护对象扩大到经营者、消费者和公共利益,调整范围扩展到严格竞争关系以外的市场主体。对于消费者的保护也从不保护到"反射式"保护走向直接保护。其次,引入了与工业产权关系不密切的行为和市场管理规则,甚至成为和称为市场行为法,或者与反垄断关系渐趋密切;出现了公、私法交织的现象,反不正当竞争的目标实现了由公平到效率的转变,功能性市场观念建立。

随着反不正当竞争法的现代化,反不正当竞争的基本观念也得到更为明确的阐述。一是动态竞争观念,即市场竞争具有强烈的对抗性,竞争法应当鼓励市场竞争,特别是注意区分创新冲击和恶意损害,市场秩序还包括信息传播、透明度等因素。二是中性损害观念,这是指竞争性损害是中性的,不具有是与非的色彩。由于损害本身通常不构成评价竞争行为正当性的倾向性要件,只有特定的损害才成为不正当竞争的考量因素。竞争行为正当性判断范式必须回到

---

① Internation Bureau of WIPO Protection against Unfair Competition: Analysis of the Present World Situation[EB/OL]. (1994-08-23) [2019-07-03]. https://searchworks.stanford.edu/view/3062822.

法益中性上来，重在行为本身的正当性判断。三是中性法益观，这是指侵害合法或者不违法（不为法律所禁止）的法益并不必然具有不正当性，即仅从法益损害本身尚不足以推定行为的不正当性。这是不正当竞争与以特定权利（绝对权或者专有权）为侵害对象的侵权损害的根本性差异。损害中性与法益中性显然是一个事物的两个方面，且具有互为因果的关系。法益中性和损害中性意味着认定不正当竞争采取的是"行为正当主义"，而不是"权益保护主义"。对于是否构成不正当竞争，仅以是否损害他人正常经营活动（如商业模式）进行判断是不够的，必须具有其他不正当性，这些不正当性在判断中甚至有更高的权重。例如，竞争行为是否具有中立性，如对于竞争对手一视同仁还是具有刻意损害特定竞争者的选择性；是否对于正常的商业模式等经营活动产生导致利益明显失衡的根本性冲突，还是仅仅增加了选择的多样性；竞争行为是否另有实质性非侵权意义（用途）等。

三、人工智能时代对不正当竞争法的遵守

人工智能时代的市场竞争并不获得反不正当竞争法规制豁免。虽然借助互联网和算法技术蓬勃发展，可能涌现形态各异的难以被成文法及时囊括的竞争行为，但是对竞争行为正当性仍然可以依据上述现代化的竞争法理念和竞争观、法益观及损害观加以判断。竞争行为正当性判断中需要考虑行为对消费者、经营者和公共利益的影响。消费者利益主要表现为公平交易权、产品和服务的知情权与选择权、隐私权和信息权等；经营者利益则表现为公平竞争权利；公共利益则表现为保护动态竞争秩序，具体包括提高市场竞争效率、发挥市场配置资源的优势和鼓励创新等。当3种利益评价具有不同指向性时，行为正当性应当取决于是否能够最大限度地囊括3种利益，因而在判断中需要依据比例原则展开，在最小侵害的思想下考虑行为正当性。

反不正当竞争法应当对经营者具有创新性的竞争手段予以一定的包容。一

是鼓励创新和技术发展符合中国人工智能的政策导向;二是人工智能引入市场各领域时间尚短,市场竞争规则仍处于摸索期,法院在审理中应当谨慎提出行业规则或行为准则,对秩序尚在建立中的蓝海领域应当尊重其自然形成的规律。

第十四章

人工智能时代的国际往来

第一节 数字贸易

一、数字贸易与贸易壁垒

数字贸易是数字经济发展的产物。目前,数字贸易概念和涵摄范围尚未形成共识。经济合作与开发组织(OECD)最早将数字贸易定义为建立在数据流通基础上的贸易。[①] 世界贸易组织(WTO)秘书处认为利用电信网络进行的商务

[①] Organisation for Economic Co-operation and Development. OECD Glossary of Statistical Terms [EB/OL]. (2007-12-22) [2019-07-03]. https://stats.oecd.org/glossary/download.asp.

活动是电子商务。①② 常见的数字产品包括软件、音乐、电视电影、录音录像、计算机及娱乐节目等。美国国际贸易委员会（USITC）将数字贸易定义为通过互联网进行产品或服务交付的电子商务，常见类型包括软件、数字媒体文件、数据处理和托管服务等。次年，USITC 扩大了数字贸易概念，依赖互联网和互联网技术建立的国内贸易和国际贸易，其中互联网和互联网技术在订购、生产及产品和服务的交付中发挥关键作用的均属于数字贸易范畴③。从各机构的定义看，数字贸易的核心资源是数据，主要技术支持是互联网，贸易内容包括数据货物和服务。

数字贸易领域尚未形成一套得到普遍承认的国际通行法律规则和配套措施，各国和国际组织中出现越来越多针对数字贸易的贸易保护壁垒。欧盟的欧洲国际政治经济中心（ECIPE）发布《数字贸易壁垒指数》（Digital Trade Restriction Index，DRTI）④ 批评中国、俄罗斯、印度、印尼和越南位列数字贸易壁垒指数前五，同时指出美国的贸易壁垒指数超过全球（66 个国家和地区）平均水平，法国和德国是欧盟境内壁垒指数最高的国家。有趣的是，美国也抨击欧盟设置过多壁垒阻碍数字贸易自由化。USITC 将数字贸易壁垒分为 5 种，分别是本地化障碍、数据隐私和保护、知识产权侵犯、网络审查和传统障

---

① WTO 秘书处认为"电子商务就是通过电信网络进行的产品的生产、营销、销售和流通的活动，它不仅指基于因特网上交易，而且指所有利用电子信息技术来解决问题、降低成本、增加价值和创造商机的商务活动，包括通过网络实现原材料查询、采购、产品展示、订购、出品、储运以及电子支付等一系列的贸易活动。简单地讲，电子商务是指利用电信网络进行的商务活动"。参见：世界贸易组织秘书处. 电子商务与 WTO 的作用　贸易、金融和金融危机　金融服务自由化和《服务贸易总协定》[M]. 对外贸易经济合作部贸易组织司，译. 北京：法律出版社，2002：7.

② 何其生. 美国自由贸易协定中数字产品贸易的规制研究[J]. 河南财经政法大学学报，2012（5）：142-153.

③ 王晶. 发达国家数字贸易治理经验及启示[J]. 开放导报，2016（2）：50-54.

④ ECIPE. Digital Trade Restrictiveness Index [R/OL]. (2018-04-23) [2019-07-03]. https://ecipe.org/dte/dte-report/.

碍。①ECIPE 则将贸易壁垒分为四大类十三小类，涵盖财政、设立、数据和交易 4 个方面（表 3-1）。当前，在数字贸易中最受关注的是关税和贸易保护与数据政策。前者需要解决数字贸易应当安排在哪一制度框架下，适用何种关税政策；后者则剑指数据本地化与数据框架转移的关系和协调问题，这是数字贸易自由化程度的关键争议。

表 3-1　DRTI 贸易壁垒指数测量的壁垒类型

类型	具体情形
财政壁垒	关税和贸易保护；税收和补贴；公共采购
设立壁垒	外国投资限制；知识产权措施；竞争措施；商业流通
数据壁垒	数据政策；中间责任；内容访问
交易壁垒	交易数量限制；交易标准；在线销售和交易

二、数字贸易制度安排框架

由于数字贸易涉及跨境商品和服务往来，因而制度安排需建立在国家和国际组织谈判和合作下。各国在数据贸易中的利益取向有差异。美国政府一贯提倡数字贸易自由化，特别是致力于推动数字产品零关税和数据跨境自由流动，欧盟、日本和中国则较为保守。然而面对数据经济全球化趋势，各国都意识到市场自治的不足和数字贸易的巨大经济潜力，因此存在规制协调和合作空间。当前对数据贸易制度安排框架大致有 3 种：一是 WTO 机制下的多边和诸边谈判；二是区域诸边贸易协定；三是双边贸易安排，此外基于本国利益要求对数字贸易各国国内法另有规定。

（一）WTO 框架下举步维艰的谈判

WTO 框架下的数据贸易谈判一直有序进行，但是成员间的原则性分歧导

---

① 陈靓．数字贸易自由化的国际谈判进展及其对中国的启示 [J]．上海对外经贸大学学报，2015（3）：28—35．

致谈判难以取得实质性进展。首要是数字贸易协议框架的选择问题。美国坚持数字贸易适用关税贸易总协定（GATT），而欧盟等成员则主张对数字贸易特别是文化产业适用服务贸易总协定（GATS）并提出文化例外原则。[①]GATS主要包括国际运输、国际旅游、有外商投资的公司、服务供应商到另一个国家提供服务的过程。由于GATT相较GATS在国民待遇、最惠国待遇和关税征收等方面对各成员国要求更为严格，因而数字商品的自由化程度会更高。[②][③]美国主张适用GATT主要理由有3个。其一，数字产品的"持久性"及与实物载体难以区分性表明其更偏向于货物。[④]然而根据USITC的看法，依托互联网的服务交付也属于数据贸易范畴。其二，数字产品不借助实物载体交付是技术进步的成果，基于技术中立原则，不能因此认定数字产品为服务。当然技术中立原则本身存在很大争议。欧盟便认为技术并非中立，技术不仅有内在价值也具有社会价值。[⑤]其三，适用GATT规则更有利于数字贸易自由化。显然，这是美国极力主张用GATT规则规范数据贸易的主要原因。然而对其他国家而言，出于注重隐私保护的文化传统、维护国家安全需要和技术相对落后现实的考量，希

---

① "文化例外"原则就是通过一定的文化保护措施，保证来自多个国家和地区的文化产品在国际文化贸易中的市场占有率，从而实现其保护本国文化特性的核心价值。参见：陈靓.数字贸易自由化的国际谈判进展及其对中国的启示[J].上海对外经贸大学学报，2015（3）：28-35.

② 几种区别：关于GATT和GATS的区别，WTO的秘书处归纳出以下4个方面：a.GATT下的国民待遇是全面的义务，GATS下该义务则根据各成员在各部门所做的承诺而定；b.GATT禁止采取数量限制措施（但也允许有例外情况），而GATS规定，在政府希望保持对市场准入的限制时，允许使用数量限制措施；c.在GATT下，成员如没有将其关税水平约束至零，对进口就要征收关税，而GATS除了指出任何税收体制都必须与成员在具体承诺减让表中就国民待遇做出的承诺相一致之外，就基本不再涉及关税或一般财费了；d.GATT的重点是跨境的货物贸易，而GATS除涉及跨境贸易外，还将在外国司法管辖权下的商业存在和自然人的流动等问题作为服务贸易的一部分来加以考虑。参见：世界贸易组织秘书处.世界贸易组织专题研究报告之一 电子商务与WTO的作用[M].对外贸易经济合作部世界贸易组织司，译.北京：法律出版社，2002：105.

③ 何其生.美国自由贸易协定中数字产品贸易的规制研究[J].河南财经政法大学学报，2012，133（5）：142-153.

④ 陈靓.数字贸易自由化的国际谈判进展及其对中国的启示[J].上海对外经贸大学学报，2015（3）：28-35.

⑤ 周念利，李玉昊.全球数字贸易治理体系构建过程中的美欧分歧[J].理论视野，2017（9）：76-81.

望尽可能地保护本国数字贸易市场，并将数字贸易开放程度作为经贸谈判的筹码。目前对数字贸易规制框架尚未有定论。有学者指出，数字贸易或许不能简单地归入 GATT 或 GATS 规则中。数字贸易产品包括货物、服务和介于两者之间的产品，从亚马逊海淘化妆品是货物贸易，iCloud 同步电脑数据是一种数据储存服务，而从 iTune 在线下载并支付的数字音乐则介于两者之间。虽然 WTO 致力于推动贸易自由化，但也需考虑到各国经济发展水平，而 GATS 协议便有意识地甄别这种世界市场的不平衡，因而对位于货物和服务贸易之间的数字产品受 GATS 协议的规制或许在当前更有利于数字贸易"长期、稳定、均衡和可持续发展"。① 也有观点主张在 WTO 的诸边协议《信息技术协定》（ITA）或 WTO 以外的《服务贸易协定》（TiSA）框架下合作的模式。

WTO 框架下数据贸易的另一争议是贸易关税问题，一是电子传输免关税；二是信息通行技术产品的关税减免政策。对于前者，WTO 成员间已达成暂时免税的共识，不过部分成员国担心做出免税承诺可能导致财政收入减少，也可能造成文化类数字产品免税对本国文化市场的冲击，因而对永久免税犹豫不决。目前，针对信息技术产品的关税减免则在 ITA 框架下推进。值得注意的是，ITA 协议建立在最惠国待遇上，因而签署 ITA 的国家的税收优惠政策也将对尚未加入协议的国家产生吸引力。

数据是数据贸易的核心资源。这一判断隐藏的共识是数据应流通。数据流动限制包括本地化措施和跨境流动政策两个方面。"本地化"概念包含服务本地化、设施本地化和数据本地化。数据本地化要求数据本地化储存，更为高级的还要求数据本地化处理。有些国家还存在要求数据复制在本地存储等措施。数据流动限制大致可分为 3 类：一是重要数据禁止跨境流动；二是政府、公共部门和技术部门数据禁止跨境流动；三是个人数据跨境流动须符合相关安全管理措施。这种根据数据类型有针对性的数据管理制度，也被称为"有条件的流

---

① 伊万·沙拉法诺夫，白树强. WTO 视角下数字产品贸易合作机制研究：基于数字贸易发展现状及壁垒研究 [J]. 国际贸易问题，2018（2）：149–163.

动制度"①（数据流通限制措施国家/地区比例如图 3-5 所示）。不过数据本地化是否能保证数据安全亦不无疑问，一是数据所在地的法律未必健全；二是信息技术特别是云技术发展，单一信息存储地极容易遭受网络攻击，数据安全风险更大。从各成员的提案看，WTO 成员关于数据应当如何跨境流动存在分歧。美国强调数据跨境流动自由，数据应当按照消费者和公司认为恰当的方式流动，防止数据本地化壁垒，提供数据产品和服务的公司不需要耗费资金在各个国家建立有形数据中心。欧盟则主张数据跨境流通应当遵守公共政策例外，目前在欧盟国家中存在数据本地化限制，欧盟委员会则致力于破除数据本地化限制。中国主张促进成员国国际贸易单窗口的连通和数据交换，但坚持数据本地化。②

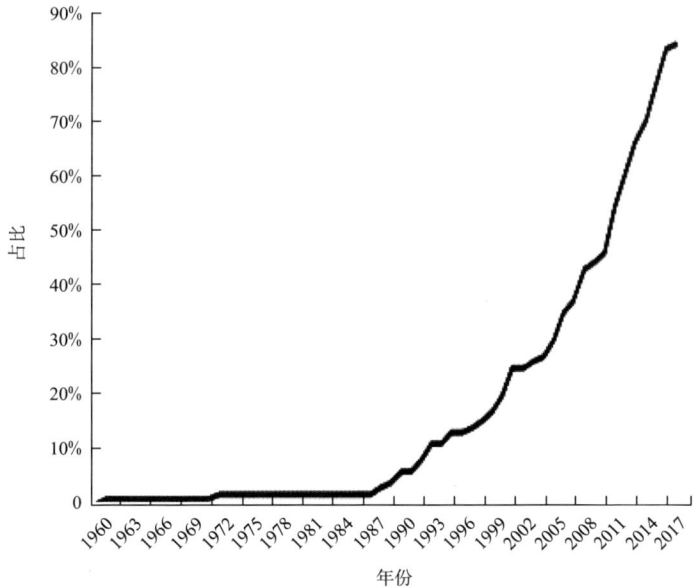

图 3-5　1961—2016 年采取数据本地化措施的国家/地区的占比

（图片来源：ECIPE. Digital trade restrictiveness index [R/OL]．（2018-04-14）[2019-07-03]. https://ecipe.org/dte/dte-report/）

---

① 石月．国外跨境数据流动管理制度及对我国的启示 [EB/OL]．（2015-07-23）[2017-05-10]. http://gb.cri.cn/42071/2015/07/23/6611s5041096_1.htm．
② 周念利，李玉昊，刘东．多边数字贸易规制的发展趋向探究：基于 WTO 主要成员的最新提案 [J]. 亚太经济，2018（2）：46-54，150．

（二）卓有成效的诸边和双边谈判

各国对数据贸易政策的分歧较大阻碍了 WTO 框架下的谈判进程。然而数据贸易体量的迅速增长急需规制，因而各国转向区域诸边协议和双边协议。相较于多边谈判中举步维艰的现实，美国和欧盟在各自主导的诸边和双边谈判中推动数字贸易规则颇具成效。

美国在双边自贸协定和区域贸易协定中推行数字贸易自由化。美国牵头的《跨太平洋伙伴关系协定》（TPP）倡导数字贸易自由化，协议重点指出互联网应当保持自由开发，协定贸易伙伴对数字贸易应当禁止征收关税并不采取进一步保护性措施。例如，不强迫数字产品和服务提供者采取本地化战略，禁止要求外国公司向本国转让技术和专有信息等知识产权内容，不建立跨境信息流通壁垒等。①

美国还在多个自由贸易协定中规定跨国数字贸易专章或专款。② 美国和韩国自贸协定是典型的美式数字贸易自由化规则。该协定第 15.3.1 条明确规定了缔约双方不得对数字产品的进出口征收任何关税、手续费或其他费用。确保两国数字产品永久性零关税。此外，美韩对电子商务原则上适用国民待遇和最惠国待遇，不过投资、服务贸易和金融服务等领域排除在外。这表明，双方在数字贸易自由化上还有一定保留。另外值得注意的是，该协定对数字产品属于服务贸易还是货物贸易做了回避③。因此，在数字产品的规制上仍存很大不确定性。

---

① 张茉楠.全球数字贸易战略：新规则与新挑战[J].区域经济评论，2018（5）：23-27.
② 这15个自由贸易协定分别是：《美国—澳大利亚自由贸易协定》《美国—巴林自由贸易协定》《美国—中美洲五国自由贸易协定》《美国—智利自由贸易协定》《美国—哥伦比亚自由贸易协定》《美国—以色列自由贸易协定》《美国—约旦自由贸易协定》《美国—韩国自由贸易协定》《美国—摩洛哥自由贸易协定》《北美自由贸易协定》《美国—阿曼自由贸易协定》《美国—巴拿马自由贸易协定》《美国—秘鲁自由贸易协定》《美国—多米尼加自由贸易协定》《美国—新加坡自由贸易协定》。其中除了美国和以色列及北美自由贸易协定都有规定，参见：陈靓.数字贸易自由化的国际谈判进展及其对中国的启示[J].上海对外经贸大学学报，2015（3）：28-35.
③ 《美国—澳大利亚自由贸易协定》第16.8条中第16-4注释，《美国—智利自由贸易协定》第15.6条注释3，《美国—韩国自由贸易协定》第15.9条注释4。

美韩自贸协定仅规定国民待遇和最惠国待遇,但是没有对市场准入予以限制,这意味着各国可以制定非歧视性的市场准入,这或许是因为美国对其在数字贸易中技术优势的自信。协定的国民待遇和最惠国待遇突破数据控制者地理位置限制,享受待遇的产品不限于在另一国境内生产和出口的数字产品,产品在该国第一次被储存或者商业化亦可。虽然美国极力推行数字贸易自由化,视听和文化服务市场的开放仍为多国忌讳。这些领域各国谈判中通过保持配额、政府补贴和减损国民待遇等方式作为例外。类似规定在美国其他自贸协定中也普遍存在。

欧盟和美国间的贸易协定中,双方在偏向数据隐私保护还是数据跨境自由流动问题上相持不下。跨大西洋贸易与投资伙伴关系协定(TTIP)谈判中,障碍之一是欧盟将数据隐私上升到基本权利和自由的高度。美国和欧盟的数据流通长期依据《安全港协议》,该协议实质是美国商务部提供的一揽子安排,即符合安全港计划的被视为符合欧盟《九五指令》,从而使加入该计划的美国企业可以免去欧盟国家对其数据保护方面的审查和诉讼。2013 年,欧盟法院在 Schrems 案中裁定该协议没有为公民提供数据侵犯的救济手段还组织了欧盟各监管机构行使权利,因此《安全港协议》无效。从本案来看,欧洲法院倾向于严格审查欧盟委员会任何可能背离保护个人隐私和个人数据的行为。随后,欧美重新缔结隐私盾协定,代替被欧盟法院认定为非法的安全港协定。[①]2016 年《隐私盾协议》首次赋予欧盟公民对个人数据跨境传输中企业不法行为提起诉讼的权利,还明确美国政府跨境访问欧盟数据的具体范围和限制条件。

欧盟主导的模式倾向于数据隐私保护。例如,欧盟和加拿大双边贸易协定中针对电子商务中信任和隐私问题涉及专门条款,要求双方参照国际数据保护标准保护电子商务使用者的个人信息。反观中国,数字贸易发展迅猛,但是自贸协定尚未对此做出专门安排,主要通过国内法予以规制。

---

① 彭岳. 贸易规制视域下数据隐私保护的冲突和解决[J]. 比较法研究,2018(4):176-187.

（三）谨慎开放的内部立法安排

相较于国际规则中各国的妥协与退让，国内法更鲜明地表达了各国当前对数字贸易的导向，特别是各国对数据跨境流动谨慎开放的态度。目前已经有多国出台了数据跨境流动的限制措施或致力于打造数据本地化的基础设施。

欧盟国家在棱镜门事件后纷纷推动数据存储的本地化。德国建立国家层面的专门网络 Schlandnet 用以储存本地数据。法国设立独立于美国的国内云计算基础设施，旨在实现法国的数字主权。英国建立国内数据存储设备，希望实现数据存储本地化。与此同时，美国一些公司也开始迎合欧洲市场需求，如微软允许欧洲客户将数据上传到位于欧洲的云储存服务器。欧盟在数据跨境流通上采取双重待遇标准。在欧盟内部制定统一规则，将个人数据权利作为基本权利，实现内部数据自由流通；对外原则上不允许数据转移至第三国，除非该国数据隐私保护达到"充分保护"（即和欧盟同等水平）的程度。向欧盟外国家转让个人数据时还需征得个人同意。

中国对网络安全的认识大致分为网络运行安全和网络信息安全。在数据贸易中，中国特别强调网络信息安全，2012年12月，全国人大常委会通过《关于加强网络信息保护的决定》，该决定第一条明确规定，"国家保护能够识别公民个人身份和涉及公民个人隐私的电子信息"。中国坚持重要数据存储的本地化。根据《征信业管理条例》第24条规定征信机构在中国境内采集的数据应当在境内整理、保存和加工。中国《网络安全法》第37条规定，在中国收集的个人信息和重要数据应当在境内储存，对外转移需要经过相关部门安全评估。第50条则允许国家网信部门对源于境外的非法信息及时阻断传播的权利。该法还设置了网络信息收集使用的三大原则：一是保密原则，网络运营者应当对收集的数据严格保密并建立信息保护制度，采取适当的技术和管理措施确保信息安全，以防泄漏、损毁或丢失，网络运营商工作人员也应当遵守信息保护规则，不得非法获取、出售或提供个人信息；二是合法、正当和必要原则，网络运营商在数据收集、使用中应当遵守该原则，明示收集、使用信息的目的、方式和范围并经被收集者同意；三是内容审查原则，该原则赋予网络运营者对用户发布信息管理义务，对禁止传输或发布的信息应当采取措施及时消除和防止扩散。受《网络安全法》影响，苹果公司将中国境内的iCloud数据转移到云上贵州。

还有些国家也采取了数据传输限制。一类是要求数据或特定数据本地化。例如，俄罗斯有类似于中国的要求，数据运营商对俄罗斯公民个人数据的收集和使用必须在俄罗斯境内数据库中；澳大利亚的《个人信息电子健康记录控制法》要求医疗数据存储必须本地化。另一类是要求数据在境内备份，如越南要求本国用户的数据应当在本国内备份。还有一类是要求数据跨境传输前得到数据主体的事先同意。例如，韩国《信息通信网的促进利用与信息保护法》规定，信息通信服务提供商等欲将利用人的个人信息转移于国外的，应征得利用人的同意。

从各国立法安排看，虽然促进数据贸易发展已成为各国共识，但是对数据的流通大部分国家持保守和谨慎的态度。出于国家安全保障、个人隐私保护及市场竞争优势等多方面考虑，当前要求数据充分自由流通既不合理也不现实。

三、迎接数据贸易热潮

面对体量日益增长的数据贸易，特别是跨国贸易，中国需要从制度层面做好准备。

其一，明确中国数据贸易规范基本导向和原则，尊重和保障公民个人信息自决权。数据贸易往来原则即是中国立法规则设计的依据，也能在成文法相对粗糙时帮助司法实务者做出裁判，更划定与其他国家进行跨国数据贸易谈判的底线。由于当前中国数据贸易经营者存在明显的过度收集公民个人信息且信息保护措施和力度堪忧的状况，中国在数据贸易规范中应当特别强调对公民个人信息权和隐私权的保护。

其二，完善中国国内数据贸易规范体系，对数据贸易新出现的问题及时回应并做好数据贸易与传统贸易法规的衔接工作，特别是保障公民信息权和国家网络安全。国内立法的完善不仅能规范国内数据贸易，还可借助市场功能产生对外影响力。中国有着广阔的数据贸易市场，其立法规范可以影响到国内外数据产品和服务提供商的政策和战略。当前中国对数据贸易的规范仍处在单部立法探索阶段，出台《网络安全法》《电子商务法》等就领域内各类问题做出规定，随着立法陆续出台要特别重视法律的精细化和体系化工作。

其三，积极参与国际数据贸易规制框架的构建，增强制定规则时的话语权。数据贸易一定程度上突破了产品和服务提供商和消费者的地理限制，相当比例的数据贸易将是跨境的，是全球化的。虽然当前WTO规则受到诸多挑战，WTO内的数据贸易规范谈判也举步维艰，但中国不宜放弃WTO框架下构建数据贸易规则的努力。一方面，WTO框架仍然是当前为最多国家承认和参与的多边贸易体系；另一方面，美欧主导的诸边和双边规则很大程度上受到国家实力的影响。中国在数据贸易中的利益和主张与美欧存在一定分歧，诸边和双边规则谈判中中国的需求和主张未必能得到足够的对待。当然，考虑到WTO框架的现实困境，短期内与各国和地区通过双边自由贸易协定和区域贸易协定的方式对数据贸易规则进行安排是更为实际可行的方案。

第二节 自主武器系统

自主武器系统（Autonomous Weapon System）是借助人工智能技术的武器系统。国际红十字委员会（ICRC）将其定义为能独立选择和攻击目标的武器。[1] 自主武器系统在挑选目标和使用杀伤力时具有一定自主能力。自主武器系统是算法和传统物理器械的结合。如人工智能在各领域应用显示的一样，人工智能武器与传统武器的最大区别是决策的去人类化和自主化，即"致命决策去人类

---

[1] ICRC. 红十字国际委员会关于自主武器系统的观点[EB/OL]. (2017-04-11) [2019-07-02]. https://www.icrc.org/zh/document/views-icrc-autonomous-weapon-system.

化"。不过当前自主武器系统尚未达到完全自主状态，也不能独立承担责任，自主武器系统仍然是人类武装冲突的工具，因此不宜脱离国际武装冲突法和人道法中武器规则框架发展人工智能武器。换言之，自主武器系统的研发和使用应当符合国际法中对武器的规定。

自主武器系统可以提高武力投射力（减少己方战斗人员伤亡），并放大武力值（即以更少人完成更多事），这样有利于节约人力和财力资源，提高军队战斗能力。[①]但是自主武器系统军事上的优点难以掩盖对现代武装冲突造成的风险。自主武器极易违背人道原则，如不分皂白的打击，过于残忍的杀戮等。使用自主武器的过程似乎只是在控制台前的"机械"操作，操作者难以感受到对生命的敬畏和怜悯，更可能导致人道的沦丧。有专家学者担心自主武器系统可能将当前的战争冲突从"人类相互伤害"演变成"机器灭绝人类"，进而公开呼吁在全球范围内禁止这类武器的研发和使用。[②]2017年联合国特定常规武器大会的重要议题是是否应当禁止对"杀人机器人"的研发工作。现场播放了一段模拟智能武器被恐怖分子掌握的可怕视频，带有识别能力的智能武器风驰电掣地侵入一个会场并对参会者"定点清除"。

禁止自主武器系统的研发和使用并非易事。一是自主武器强大的战斗能力对各国具有巨大诱惑力，事实上，多国判断自主武器系统的发展或触发人类战争新一轮革命并表达了对人工智能技术在军事领域应用的关注。二是自主武器的研发具有秘密性，军事领域的研发大多是国家机密，因而国际组织难以监管。三是国家间的不安全感和不信任感会加剧国际军备竞赛，目前各国间尚未达成

[①] 黎辉辉. 自主武器系统是合法的武器吗？：以国际人道法为视角[J]. 研究生法学，2014（12）：125-132.

[②] 2017年8月在澳大利亚墨尔本举行的国际人工智能大会上，116位机器人和人工智能专家发表联名公开信表达对致命性自主武器滥用的担忧，呼吁联合国在全球范围内禁止"致命性自主武器系统"的研发和使用。参见：董青岭. 新战争伦理：规范和约束致命性自主武器系统[J]. 国际观察，2018（4）：51-66.

限制自主武器系统开发的协议，各国为避免在新一轮军事竞赛中落下风，必然加紧研发脚步。目前，韩国研发并投入使用的"SGR-1哨兵机器人"是一种致命性自主武器，美国研发了一系列无人机，如"MQ-9死神（Reaper）"无人攻击机（图3-6）、RQ-4"全球鹰"（Global Hawk）无人侦察机，英国研发雷神隐形无人战斗机（图3-7），俄罗斯也在加紧研制无人战车，这些武器都在一定程度上人工智能化。事实上，各国武器人工智能化竞赛大幕早已拉开。

图3-6　"MQ-9死神（Reaper）"无人攻击机

（图片来源：http://mil.huanqiu.com/aerospace/2015-04/6202506_24.html?agt=15435）

图3-7　雷神隐形无人战斗机

（图片来源：http://www.bjnews.com.cn/world/2013/05/28/265882.html）

基于国际社会对自主武器系统的人道关切，各国政府在《关于某些特定常规武器公约》框架下成立政府专家组进行研究。目前对自主武器系统的规制大致有3种思路：一是建议以新议定书或修订议定书的方式，加强对这类武器的规制；二是设立这类武器研发使用的指导原则和行为准则①；三是认为当前的法律体系足以应对自主武器系统的人道主义威胁，无须特别制定法规。②

自主武器系统是人工智能在武器装备领域的应用，其中部分问题可以适用第十章关于人工智能主体资格和侵权责任的规定。然而相较于一般的人工智能体，自主武器系统的研发和使用还应当特别注意遵守国际法规范。虽然在国际法上尚未对自主武器做细致规定，但自主武器至少应当坚守住人道关怀和道德底线，即马顿斯条款。该条款由俄国出席第一次海牙会议代表马顿斯在会议上发表，声明对条约未规定的事项应当从文明惯例、人类良知和人道主义原则基础下予以妥善解决。《日内瓦公约》的《第一附加议定书》第一条第二款规定"在本议定书或其他国际协定未包括的情形下，平民和战斗员仍受来源于既定习惯、人道原则和公众良心要求的国际法原则的保护和支配"。自主武装体系的发展不能违背马顿斯条款规定。根据《第一附加议定书》第36条对新武器的法律审查规定，"在研究、发展、取得或采用新的武器、作战手段或方法时，缔约一方有义务断定，在某些或所有情况下，该新的武器、作战手段或方法的使用是否为本议定书或适用于该缔约一方的任何其他国际法规则所禁止。"自主武器系统的研发中应当至少满足国际人道习惯法的一般性限制和规定，即禁止不分皂白的和引起过分伤害或不必要痛苦的作战方法和手段。所谓不分皂白是指在

---

① 政府专家组达成的十项原则分别是：a. 国际人道法完全适用自主武器；b. 人类仍须对武器系统的使用决定负责；c. 确保对发展、部署和使用任何新武器进行问责；d. 履行《日内瓦公约》第一附加议定书第36条的武器审查义务；e. 提供充分保障防止非法使用并考虑防扩散风险；f. 采取风险评估及降低风险的必要措施；g. 自主武器的使用应考虑国际人道法及其他国际法义务；h. 避免自主武器完全具有人类特征；i. 避免对智能技术的发展及其和平利用造成阻碍；j.《常规武器公约》为处理相关问题提供适当框架，有关讨论应力求在军事必要性及人道关切二者之间寻求平衡。
② 外交部条法司. 基于国际人道法的人工智能武器争议[J]. 信息安全与通信保密，2019（5）：25-27.

武装冲突中需要区分平民和战斗员、民用和军事设施，武器攻击对象只能是军事目标，这要求自主武器系统具有精确识别能力。所谓不引起过分伤害或不必要痛苦是指不存在可行的、较低伤害的替代性措施，没有超过实现合理军事目的不可避免程度的伤害。于此相对应的，在实际作战中，自主性武器的使用应当遵守区分原则和比例原则。

•••• 第四篇 ••••

乘风破浪：人工智能具体应用场景中的法律风险

自动驾驶、自主机器人、智慧医疗和智慧金融等领域人工智能化方兴未艾，带来智慧生活和人力解放的曙光，也出现实践矛盾和棘手问题。例如，在自动驾驶中，车祸责任和紧急避险责任如何承担，如何确保无人驾驶的网络安全和生产安全等问题亟须回应。而在自主机器人的研发中，高度智能化机器人的法律人格及享有的权利范围问题不可回避。医疗事故责任分配、健康医疗数据归属和隐私权问题则是智慧医疗发展中必须突破和明确的问题。智慧金融则可视为市场经济智能化的缩影，集中体现了人工智能对市场参与者和市场秩序监管者带来的各项挑战。本篇将逐一介绍人工智能在上述4个领域的应用前景和争议难题。

第十五章

自动驾驶

2017百度AI开发者大会上,李彦宏乘坐无人驾驶汽车上北京五环,此事引发了交警的调查,自此,自动驾驶的法律问题在国内开始受到更加普遍的关注,其背后潜藏的诸多伦理道德和法律问题成为舆论热议的焦点。

自动驾驶技术具有前沿性和颠覆性,不仅将带来汽车产业的全面变革,同时也将对经济社会发展产生深远影响。

按照国际自动机工程学会(SAE International, Society of Automotive Engineers,原译为美国汽车工程师学会)的J3016自动驾驶分级标准,自动驾驶的等级可分为从L0至L5共6个等级,其中从L3等级开始,属于自动驾驶系统监控车辆的行驶[①]。但是L3等级仍应当算是一个过渡级别,因为其驾驶失效的应对仍有赖于驾驶员自身。而L4和L5等级,则所谓人们想象中的完全的无人驾驶。在这两个阶段,汽车能够在有限的路况乃至全部路况下完成全部的驾驶任务。麦肯锡公司对无人驾驶的咨询报告显示,无人驾驶的发展将会分为3个阶段。第一个阶段到2020年左右,那时自动技术的影响仍有限;第二个阶段为2020—2035年,无人驾驶技术会逐渐进入主流;第三个阶段为2040年后,

---

① 目前国际上广泛采用的是国际自动机工程学会(SAE International)于2014年发布的SAE汽车智能化分类标准(Taxonomy and Definitions for Terms Related to On-Road Motor Vehicle Automated Driving Systems, or "J3016")。J3016对汽车智能化划分为L0–L5 6个等级。

无人驾驶汽车将会变为人类主要交通工具。这表明在未来 20 多年内,将会出现传统汽车和无人驾驶汽车长期并存的情况。①

无论是过渡阶段还是未来自动驾驶汽车(图 4-1)的全面普及,自动驾驶技术都已经在悄然地改变着人类的交通行为,这给先行的法律提出了诸多挑战,包括车辆的许可制度,如测试、批准、事故鉴定等的具体规范性要求,车辆的技术标准,产品责任制度,驾驶员资格认证,道路交通法规,道路交通事故责任制度,乃至驾驶员和乘客的隐私保护制度等。

图 4-1 "危险"的自动驾驶汽车

(图片来源:http://imagecn.gasgoo.com/moblogo/News/UEditor/image/yjing8515b20180509/636614497018084238997 4333.jpg)

---

① 戴健民,邓志松. 无人驾驶可能带来哪些法律挑战?[EB/OL].(2016-09-12)[2017-07-03]. http://victory.itslaw.cn/victory/api/v1/articles/article/1b0a5101-c0ea-45bc-8265-fdc29a435819.

第一节　自动驾驶中的法律风险与争议

一、赔偿责任谁来承担

在允许自动驾驶汽车上路行驶的情况下，若此车辆行驶中造成人身伤亡或者财产损失，应当由谁承担对被害人的赔偿责任呢？

在自动驾驶状态下，尤其是在 L5 等级的无人驾驶状态下，坐在驾驶座上的人，只要不存在破坏车辆驾驶系统的行为，对发生的交通事故显然不存在过错，也即其行为与法律后果之间不存在因果关系。此时，如何认定交通肇事罪呢？这意味着无人驾驶状态下人身致损或致身亡与现行的交通肇事罪是存在冲突的，此时若认定无人驾驶为交通肇事罪，违反了刑法罪责性相适应原则，也与该罪的内在要求不相适应。

在当前的交通事故归责制度中，各国交通法普遍奉行"过错责任原则"，也就是说谁有过错谁承担赔偿责任，交通警察还会根据各方过错的具体程度，来认定责任承担的比例。即使是在非机动车或行人被撞的案例中，虽然没有过错的机动车司机不能完全免除其责任，但只要是完全没有过错，法院的审判中也会极大地减轻机动车司机的责任。

无人驾驶状态下，坐在驾驶座上的人对交通事故没有过失。作为现代交通法规基石的"过错"，如无证驾驶、疏忽大意、酒驾等，在无人驾驶时代将被极大地淡化。在无人驾驶时代，交通事故的责任主体将由个人转向无人驾驶汽车的生产企业。比如，《德国道路交通法》修正案中，将自动驾驶模式下发生的交通事故之责任归咎于汽车制造商，仅在自动驾驶系统发出了需要人工控制的信号时，责任才会发生转移，这个时候汽车驾驶员才重新承担起了驾驶责任。这意味着传统的交通法依赖的侵权责任体系在无人驾驶时代将转向以严格责任（无过错责任）为基础的产品质量责任，即无论"过错"与否，谁生产谁负责。

当然，上述责任的转变仅仅是一系列假设条件下的一种预期。在现实世界中，人类面临的问题是复杂的。在未来20年内，道路上依然以传统汽车和无人驾驶汽车并存的情况为主，且这一时期的无人驾驶汽车将以L4等级或更低等级为主。一方面，无人驾驶汽车设计的再精密，面对诸多人为不确定因素，也免不了会与传统汽车、行人，甚至其他无人驾驶汽车发生碰撞；另一方面，坐在驾驶员座上的人，依然需要时刻准备着，在可能发生事故时控制车辆。那么，在这些现实情况下，到底是由谁来承担事故的责任呢？汽车所有人、实际管理人、汽车制造商、软件开发商还是其他可能的主体？

大部分观点认为，鉴于无人驾驶车辆中的乘客并未掌握方向盘，也没有控制刹车，对于发生的事故显然没有主观上的故意，也没有客观上的行为，因而事故责任理应完全由与无人驾驶系统有关的企业承担，如汽车制造商、软件开发商等。还有些观点认为，无人驾驶车辆中的乘客有可能成为事故责任的主体，因为其有可能对车辆某个程序的误操作或恶意操作导致交通事故的发生，这种情况下乘客须承担事故责任。还有观点认为，作为智能联网的无人驾驶汽车，事故的发生还有可能是来自远程的黑客攻击所致。上述种种观点说明，在可以预期的未来20年，对于无人驾驶汽车发生事故时的责任划分问题将呈现一个技术与立法相互成长的过程。首先，现行的交通法规在认定无人驾驶车辆事故时，依然是有适用余地的。随着行车记录仪等监测车辆行驶内外环境的监测装置的发展，无人驾驶车辆发生交通事故的责任依然可以依据现行法律，通过事故发生时的驾驶情况和各方的过错情况来判定。但同时对于无人驾驶汽车制造商和软件开发商，既需要有与时俱进的新法或修法来规范其制造和设计环节的安全性和精细度，也要避免过早地在责任承担环节给这些主体设置过重的义务，以便这些主体保持在开发和制造无人驾驶汽车方面的创造性和积极性。

对于汽车制造商或软件开发商，除了要监管其安全生产，也需要对其在汽车销售中的广告进行一定的规范，以避免给乘客造成误导，进而引发交通事故。比如汽车制造商在营销其无人驾驶车辆时，应该尽到提醒的义务，不应夸大其汽车系统现状对复杂路况判断方面的有限能力，也不应在无条件或过低条件下承诺对交通事故承担全部责任。

二、紧急避险谁来承担责任

紧急避险情况下的责任承担历来是一个涉及道德拷问的特殊问题，也就是伦理学上的"电车难题"。在一个交通事故中，如果由于甲的违章行驶导致了险情，司机乙在不得已的情况下只能在两个均致害的选项中做出选择：要么左转，左边有一个行人（成年人）；要么右转，右边有多个行人（均为成年人）[1]。当前的伦理偏好是保全更多数人的利益，司机乙据此迅速做出选择，转向了左边，以牺牲一个行人的利益来保全更多数人的利益。在这种情况下，法律不对司机乙追究侵权责任。在无人驾驶车辆行驶中，如果遇到紧急情况，该车辆能否做出符合人类伦理偏好的理性选择呢？相信随着深度学习能力的提升，做出符合人类普遍伦理偏好的选择并非难事，但是发生事故往往是一秒不到的事情，不论是人类还是机器，均不可能每一次都做出对的选择。在这种情况下，对于无人驾驶车辆，就涉及避险不当的责任由谁来承担的问题。此外，如果未来发展到 L5 等级以上的完全无人驾驶，这类车辆对于紧急避险情况下的伦理偏好是不是也非常刻板呢？其避险率是否会因为是机器而显著高于人类的敏锐度？我们是否能够完全信任机器在险境中的决断？

根据侵权责任法的要义，如果出现避险不当的情况，避险者依然要承担适当责任。而此时，作为避险者的是一辆无人驾驶车辆，那么是应该由车辆购买者还是车辆制造商，抑或是车辆软件开发商来承担责任呢？这里存在的民事责任可以通过和解协议、保险等多个途径得以合理解决。那么刑事责任方面，又该如何处理呢？此时的追责涉及一个责任承担链条，即车辆购买者、车辆制造商、软件开发商。具体的责任承担，有赖于对责任的合理认定。

---

[1] 此处仅讨论最简单的情况，即道路上两边都是成年人。因为在当前普遍的伦理偏好推理中，对于婴儿、孕妇、妇女、老人等特殊人群，其优先顺序有特殊性。

三、如何有效地保护利害关系人的隐私和数据安全

无人驾驶车辆的运行,可轻松实现乘客的个性化定制化的需求,例如,车辆的软件系统可以记录乘客在驾驶偏好、行驶路线、座椅高度、车内温度、车辆速度等具体细节方面的数据,这在方便乘客的同时也无形中使得乘客的个人行为完全暴露于无人驾驶车辆的数据库中。为了安全和事故责任的认定,无人驾驶汽车似乎有必要像飞机一样,安装一个类似的"黑匣子"以便记录车辆行驶中人、车的所有行为数据。德国已经在其修正后的《德国道路交通法》中明确规定了,自动化汽车须安装记录行驶过程的黑匣子,并要求即使在没有卷入交通事故的情况下黑匣子也必须保存至少半年。如何划定公民个人信息保护与保障车辆安全行驶的边界成为一个棘手的问题。在数据时代,上述个人行为的信息,极易被整合分析,进而对公民个人隐私造成侵犯。因此,立法在规范无人驾驶车辆的安全行驶的同时需要确立对个人信息的有限使用、授权使用的基本原则,并对无人驾驶车辆企业的研发、制造等行为设定严格的法律责任,要求其在相关环节尽到告知消费者隐私风险的义务,并在必要的环节设置征得消费者个人信息使用同意的程序。

四、如何确保无人驾驶车辆的网络安全

根据慕尼黑再保险公司(世界第二大再保险公司)于 2016 年对风险师实施的一项调查,有 55% 的分析师认为网络安全是无人驾驶汽车面临的最大难题。[1] 无人驾驶(或自动驾驶)车辆是依赖联网状态下的计算机计算来实现车辆控制的。因而,无人驾驶系统存在被网络黑客入侵进而操纵驾驶系统的风险。这种情况已经不只出现在科幻电影里了,2015 年 7 月,菲亚特-克莱斯勒公

---

[1] ALEX WEBB. Cybersecurity Is Biggest Risk of Autonomous Cars, Survey Finds[EB/OL]. (2016-07-19) [2019-07-03]. https://www.bloomberg.com/news/articles/2016-07-19/cybersecurity-is-biggest-risk-of-autonomous-cars-survey-finds.

司召回在美国的 140 万辆汽车，并对这些汽车的车载软件进行升级，其主要原因是克莱斯勒各种车型上的 Uconnect 系统存在漏洞，容易遭到黑客攻击。[①] 两名黑客通过网络接入克莱斯勒汽车的车载联网系统 Uconnect，并对 Uconnect 的芯片进行编程，然后植入了一串代码，由此控制了这些车辆的物理部件，比如变速器自动挂空挡等。未来无人驾驶将更加依赖网络数据和计算，这也意味着这类车辆遭受黑客攻击的风险概率将会大大增加，一旦被黑客攻击，轻则车辆被盗，重则直接威胁到用户的生命安全。而与无人驾驶车辆相伴随的是智能交通基础设施的网络安全问题，这些交通基础设施的智能化大大提升了无人驾驶车辆的安全性，但同时也由于其智能互联的特征，相应的数据信息若被黑客攻击，也将危及无人驾驶车辆的安全运行，甚至会造成整个交通的瘫痪，乃至连环车祸。

2017 年，美国众议院通过了《自动驾驶法案》（H.R.3388），该法案修订了美国交通法典，规定了美国国家高速公路安全管理局对于自动驾驶汽车的监管权限，同时为自动驾驶汽车提供安全措施，奠定了联邦自动驾驶汽车监管的基本框架。该法案第五章专门规定了"自动驾驶的网络安全"，其中规定了制造商需要制定网络安全方案，包括如何应对网络攻击、未授权入侵及虚假或者恶意控制指令等安全策略，用以保护关键的控制、系统和程序，并根据环境的变化对此类系统进行更新；制定内部人员的安全培训和管理制度，包括选定制造商的一名高层管理人员或其他员工作为负责管理网络安全的有责联系人和一个限制进入自动驾驶系统的过程；对员工也要进行监督，包括控制员工进入驾驶系统。同时，制订隐私保护计划，包括对车主及乘客信息的搜集、保存、使用等方面的保护措施。

---

① 智驾.Uconnect 从最智能的车载系统变成最易受攻击，智能汽车面临安全质疑 [EB/OL]. (2015-07-29) [2019-07-03]. http://www.autor.com.cn/index/technology/vehicle/2573.html.

五、监管风险

无人驾驶汽车的上述法律风险,也会映射到相关环节的监管问题上。比如在汽车生产环节,生产监管部门需要严格规范的是汽车研发、设计和制造企业及其人员的相关行为。需要针对无人驾驶汽车出台专门的法律规定。需要对相关的研发设计人员进行职业道德规范,也需要对相关企业的准入设置更高的标准和审查要求,还需要尽早确立相关技术、零部件、软件程序的生产标准、安全标准和测试标准,以及专门的检验检查程序,既要保证对无人驾驶车辆的安全性做到最大限度的监管,同时又要确保相关的企业和人员在设计和制造无人驾驶车辆方面的积极性和创造力。在销售环节,市场监管部门需要对无人驾驶车辆可能出现的问题采取措施,如规范无人驾驶汽车销售的宣传行为,避免虚假宣传欺骗消费者等问题的发生。普通人可能会认为使用自动驾驶汽车的主要目的是减少损害和死亡,但从法律责任角度而言,这种认识是存在误区的。一旦自动驾驶汽车普及,由于上述误区而使得人们疏于监督自动驾驶汽车而承担相应的不利后果和责任,将产生很多法律问题。因此,对于大多数人来说,应当被告知使用自动驾驶汽车的主要目的是为了节约驾驶时间,以便用来看书、休息等。① 此外,道路交通管理部门也要规范无人驾驶车辆的上路行为,须在车辆牌照、驾驶证、行驶证等方面制定专门的规范,以便维护行驶安全,减少事故发生。

六、知识产权

在研发无人驾驶汽车的过程中,除了汽车同行业企业的合作之外,跨行业企业也都出现了与汽车行业不同程度的融合。这是因为无人驾驶涵盖多种程序,其性质决定了跨界并购与合作的出现。比如实时地图,无人驾驶汽车的行驶尽

---

① 约翰·弗兰克·韦弗. 如何起诉机器人:法律责任与人工智能[EB/OL]. 郑志峰,译.(2019-05-11)[2019-07-22]. https://www.secrss.com/articles/10579.

管无须依靠驾驶员对路线的认知和记忆，但是对实时地图软件的依赖却是极大的，因为规划路线全部都要参照实时地图，这就导致汽车生产商必须与开发地图的相关企业进行合作，利用先进的实时地图技术提高无人驾驶汽车的综合性能。除了地图以外，由于无人驾驶复杂程序还融合了互联网、娱乐、通信等功能，导致互联网企业、娱乐企业、通信企业等多个行业都在企图进入汽车市场，通过与汽车行业企业的合作研发出能给消费者带来完美体验的无人驾驶程序。已于2019年4月成功完成2000 km超级无人驾驶测试项目的长安汽车便是如此，其与博世、华为、360、高德地图、百度等企业都开展了深入合作，共同完善执行系统、中央处理系统、高精度地图等多个领域。

尽管跨界企业之间的并购与合作有利于提升企业或合作产品的竞争力，但其带来的知识产权问题也不容忽视。如果企业之间某个知识产权权属有争议，或者没有明确各自的知识产权范围，或者在合作开发阶段没有做好技术保密工作，由此产生的知识产权纠纷将会直接对企业并购与合作产生影响。这在企业争先抢占市场优势地位的现阶段，无疑会对涉及的企业带来不可估量的后果，很可能会功亏一篑。因此，跨界企业在技术融合的同时也应注意对并购企业或合作企业知识产权的调查与评估，并注意对自己所有的知识产权进行有效保护。

第二节　各国法律对自动驾驶法律风险的回应

一、美国自动驾驶政策走在世界前列

美国的自动驾驶技术处于世界领先位置，美国也是目前有最大自动驾驶汽车市场的国家之一。在国家层面，美国运输部下属的美国国家公路交通安全管理局（National Highway Traffic Safety Administration，NHTSA）对自动驾驶技术的研发一直持鼓励态度。早在2013年，该机构就已经发布了美国第一个有关自动驾驶汽车的初步政策声明，并制定了自动驾驶测试相关标准，将汽车

自动化程度划分为 5 个等级，同时制定了针对不同等级的主要研究方向，用于支持自动驾驶技术的发展和推广，并对美国各州如何测试无人驾驶汽车提出建议。2016 年 9 月，美国交通部（U.S. Department of Transportation，DOT）和美国国家公路交通安全管理局（NHTSA）发布了第一版的自动驾驶车指南——《美国联邦自动驾驶汽车政策》（Federal Automated Vehicles Policy），该政策指南并不具有强制性，仅供参考，自愿参加，但在当时具有指导意义，分为 4 个部分：①自动驾驶机动车的性能指南，提出 15 项安全评估标准，提出采用自动驾驶技术的汽车在公路上开展试运行或投放市场前，整车厂（或其他组织）需自发地提交该指南提出的 15 项安全评估结果；②明确了联邦和州政府不同的监管职责，强调了州政府监管的重要作用；③美国国家公路交通安全管理局（NHTSA）目前的监管方式；④现代监管措施。该政策为美国自动驾驶技术的安全检测和有效利用提供了指导性的监管框架。[①]2017 年 2 月，NHTSA 对《联邦汽车安全标准》中的"驾驶员"进行了扩大解释，将"自动驾驶汽车内部系统"包含在"驾驶员"的定义范围内。2017 年 9 月，DOT 升级版的自动驾驶政策《自动驾驶系统 2.0：安全愿景》，该政策不仅被行业视为自动驾驶汽车研发的规则手册，还代表了联邦政府对自动驾驶的态度。2018 年 10 月，发布《准备迎接未来的交通：自动驾驶汽车 3.0》，指出美国交通部将努力消除阻碍自动驾驶汽车发展的政策法规，支持将自动驾驶车辆纳入整个运输系统。近期，美国三位众议院议员再次推动自动驾驶立法，[②]他们共同呼吁众议院新领导层推动一项关于自动驾驶技术的全面法案。

在州层面，根据布鲁金斯学会 2018 年 5 月发表的文章披露，美国已有 22 个州和哥伦比亚特区通过了自动驾驶的法律，有 10 个州以州长的名义发布了有

---

① 资料来源：https://www.marklines.com/cn/report_all/rep1546_201611.
② 三位众议院的议员，分别是能源与商业委员会高级成员、俄勒冈州议员 Greg Walden，通信和技术小组委员会高级成员、俄亥俄州议员 Bob Latta，以及消费者保护和商业小组委员会高级成员、华盛顿州议员 Cathy McMorris Rodgers。

关自动驾驶的行政命令，另有 10 个州的立法处于法律审议阶段，剩余 8 个州的立法机构尚未开展与自动驾驶相关的立法活动。[①] 其中，内华达州于 2011 年率先启动自动驾驶汽车立法，以解决自动驾驶汽车在该州高速公路上的道路测试问题。加利福尼亚州于 2012 年 9 月出台了更为宽松的自动驾驶汽车法规，确立了"促进和保障无人驾驶汽车安全"的立法理念，力争为自动驾驶技术的发展扫清障碍。随后，佛罗里达州、哥伦比亚特区、密歇根州等 10 多个州（特区）先后出台了几十条针对自动驾驶汽车的交通政策法规，全面推动美国自动驾驶技术及人工智能产业的发展。美国的州政府出于各自的利益考量，对自动驾驶的立法大相径庭。

二、欧洲

（一）德国

德国是自动驾驶技术进展最快的国家之一。2016 年之前，联合国的《维也纳道路交通公约》（Vienna Convention for Road Traffic）规定，驾驶员必须时刻掌握交通工具。由于德国是该公约的签约国，因而，此前德国的自动驾驶汽车道路测试一直在本国之外进行。2016 年 3 月，《联合国维也纳道路交通公约》得到了修订并生效，其第八条增加了允许"自动驾驶系统在符合要求且驾驶人能随时接管车辆的情况下控制车辆行驶"。从此，德国汽车企业开始在本土进行自动驾驶汽车的测试。德国于 2017 年 6 月颁布了全球首个关于自动驾驶的相关法律——《道路交通法修订案》，该法允许自动驾驶系统在特定的条件下代替人类驾驶汽车。根据这部法律，当汽车的高度自动或完全自动驾驶系统运作时，驾驶人可把对方向盘和刹车的控制交给汽车，但驾驶人必须坐在方向盘后以便随时切换到人工驾驶模式，并且该类汽车必须安装记录装置，主要用以确

[①] 资料来源：https://www.brookings.edu/blog/techtank/2018/05/01/the-state-of-self-driving-car-laws-across-the-u-s/.

定责任归属。① 德国还率先开放了 A9 高速公路的部分路段进行自动驾驶技术测试。德国交通部下属的伦理委员会同期还发布了一份《自动和联网驾驶》报告，在其中提出了自动驾驶汽车需要遵守的 20 条伦理规则。这在全球也是首套针对自动驾驶的伦理道德标准。这套伦理规则的核心内容包括：①保护个人优先于其他一切功利主义的考虑；②当危险情况不能避免时，保护人类生命优先于其他法律利益，为了避免造成人员伤亡，可以给动物或者财产造成损害，这在编程上是被允许的；③道德困境之下的决策依赖于现实的具体情况，不可能被清楚地标准化，因此也不可能被事先编程；④在面对不可避免的事故时，禁止基于人身特征（年龄、性别、生理或者心理状况等）进行歧视，同时不得牺牲不相关方。②

（二）英国

英国高度重视自动驾驶技术应用及安全问题。英国政府计划到 2021 年前要在道路上广泛采用自动驾驶汽车，并希望借此将英国变成全球范围内的自动驾驶中心。为此，2015 年，英国交通部对自动驾驶相关法规进行了详细审查，并于 2015 年 2 月发布最终审查报告，审查的重点是确保法规不会成为发展自动驾驶汽车的障碍。审查的主要结论是，英国现行的法律和监管措施并不阻碍公共道路上进行自动驾驶车辆的测试，但前提是自动驾驶汽车必须有人监控，并且可以随时切换到人工驾驶模式。这意味着英国目前所推动的自动驾驶是 L4 等级及以下级别，不是完全的无人驾驶。2015 年 7 月，英国出台自动驾驶汽车测试实践规章（The Code of Practice for testing autonomous vehicles），其中规定了机构开展自动驾驶测试的一般性和安全要求及相应责任。2017 年，英国政府提出《汽车技术和航空法案》（Vehicle Technology and Aviation Bill），对自

---

① 张毅荣. 德国通过首部关于自动驾驶汽车的法律 [EB/OL]. (2017-05-12) [2017-12-21]. http://www.xinhuanet.com/world/2017-05/13/c_1120967134.htm.

② 白惠仁. 自动驾驶汽车的伦理、法律与社会问题研究述评 [J]. 科学与社会，2018，8（1）：72-87.

动驾驶汽车发生交通事故时相关的责任和保险政策进行规范。力图从保险法规的角度保障民众安全，减轻自动驾驶汽车制造商和软件开发商的压力，加快自动驾驶汽车技术发展，使英国成为超低排放、智能网联及自动驾驶车辆的全球研发地。①

2017 年 8 月，英国运输部和国家基础设施保护中心发布《联网和自动驾驶汽车网络安全关键原则》（The Key Principles of Cyber Security for Connected and Automated Vehicles），其内容涉及个人数据安全、远距离汽车控制等各项技术的基础原则，以确保智能汽车的设计、开发及制造过程中的网络安全与信息安全。②

（三）法国

法国积极开展自动驾驶测试，推动相关法律修订。2014 年 2 月，法国公布了自动驾驶汽车发展路线图，计划在未来 3 年内投资 1 亿欧元进行自动驾驶汽车实地测试。2016 年 8 月，法国通过了允许自动驾驶汽车道路测试的法令，正式批准外国汽车制造商在公路上测试自动驾驶汽车，但是对测试路段和测试等级有明确要求。2018 年，法国将自动驾驶纳入其"人工智能发展计划"和"促进增长和企业变革行动方案"两个项目中，全面推动自动驾驶技术的发展。

三、日本

日本将自动驾驶技术作为科技发展的重要方向。2016 年 5 月，日本制定了自动驾驶普及路线图，计划让有驾驶位的自动驾驶汽车和受远程监控的无人驾驶汽车在 2020 年上路；为了达成该目标，日本政府正在着手修订《道路交通法》

---

① 刘杰.各国自动驾驶政策概况及特征[N].人民邮电报，2018-12-17（7）．
② 资料来源：https://www.gov.uk/government/publications/principles-of-cyber-security-for-connected-and-automated-vehicles/the-key-principles-of-vehicle-cyber-security-for-connected-and-automated-vehicles．

和《道路运输车辆法》等相关法规。① 2018 年 3 月，日本政府在"未来投资会议"上提出《自动驾驶相关制度整备大纲》，明确了 L3 级别的自动驾驶汽车发生事故时的责任界定；9 月，日本国土交通省正式发布《自动驾驶汽车安全技术指南》，明确 L3、L4 级别的自动驾驶汽车必须满足的安全条件。②

四、中国

中国重视自动驾驶汽车发展。2015 年，《中国制造 2025》中已将智能网联汽车列入十大重点发展领域之一。2016 年，中国汽车工程学会发布了《中国智能网联汽车技术发展路线图》，旨在引导汽车制造商的研发并支持未来相关政策的制定。2017 年，《汽车产业中长期发展规划》明确了智能网联汽车是汽车产业转型升级的突破口，《新一代人工智能发展规划》确立了将自动驾驶技术逐步投入实际应用的战略目标。

2017 年 12 月 18 日，北京市交通委员会、北京市公安局公安交通管理局、北京市经济和信息化委员会联合颁发了《北京市关于加快推进自动驾驶车辆道路测试有关工作的指导意见（试行）》与《北京市自动驾驶车辆道路测试管理实施细则（试行）》（合称"规范"），这是中国首部自动驾驶道路测试规范，赋予自动驾驶路测合法化地位。根据新规，在中国注册的独立法人单位可申请自动驾驶车辆道路测试。自动驾驶车辆须具备自动、人工两种驾驶模式。上路测试期间，车辆属于"有人驾驶"状态，特殊或紧急情况下应有驾驶员进行应急处理。上路后，测试单位必须购买交通事故责任保险或赔偿保函。自动驾驶车辆发生交通事故按照现行法规进行处置。测试驾驶员对违反交通法规及测试车辆导致的交通事故承担相应责任。但鉴于测试驾驶员是测试主体的雇员，原则上事故的责任最终将由测试主体承担。2018 年 2 月，三部门又发布了《北京

---

① 谢一驰. 我国自动驾驶汽车法律规制探析 [J]. 北京工业大学学报（社会科学版），2018, 18（6）：76-81.
② 刘杰. 各国自动驾驶政策概况及特征 [N]. 人民邮电报，2018-12-17（7）.

市自动驾驶车辆道路测试能力评估内容与方法（试行）》和《北京市自动驾驶车辆封闭测试场地技术要求（试行）》文件。

2018年4月，工业和信息化部、公安部、交通运输部联合制定的《智能网联汽车道路测试管理规范（试行）》对测试主体、测试驾驶人、测试车辆等提出要求，并明确省、市级政府相关主管部门可自主选择测试路段、受理申请和发放测试号牌。此规范是中国各地具体组织开展智能网联汽车道路测试工作的指导性文件。截至目前，北京、上海、重庆、无锡等地已建立了16个自动驾驶汽车测试场地，为早日实现更高级别的自动驾驶奠定了基础。2020年2月，国家发展改革委、科技部等11个部门联合发布《智能汽车创新发展战略》，其中，战略愿景为"2025年实现中国标准智能汽车的技术创新、产业生态、基础设施、法规标准、产品监管和网络安全体系基本形成。实现有条件自动驾驶的智能汽车达到规模化生产，实现高度自动驾驶的智能汽车在特定环境下市场化应用。智能交通系统和智慧城市相关设施建设取得积极进展，车用无线通信网络（LTE-V2X等）实现区域覆盖，新一代车用无线通信网络（5G-V2X）在部分城市、高速公路逐步开展应用，高精度时空基准服务网络实现全覆盖。2035—2050年，标准智能汽车体系全面建成、更加完善。该战略还从智能汽车技术创新、产业生态培养、基础设施建设，法规标准建立，产品监管体系和网络安全6个方面提出发展任务。[1]

五、全球立法趋势

在国际层面，联合国等国际组织正在积极推动原有法规的修订，为自动驾驶技术部署清除法律障碍，取得了积极进展。

1968年《维也纳道路交通公约》第八条规定，"每一部车辆在行驶时都必须有驾驶员在位"，该规定并未允许"无人驾驶"。2016年3月23日，联合国

---

[1] 国家发展改革委，中央网信办，科技部，等．智能汽车创新发展战略[EB/OL]．(2020-02-10)[2020-07-01]．http://www.gov.cn/zhengce/zhengceku/2020-02/24/content_5482655.htm．

《维也纳道路交通公约》通过一项有关车辆自动驾驶技术的修正案,并在当天正式生效,该修正案允许驾驶员在可选择打开或关闭无人驾驶功能的情况下完全应用自动驾驶。修正案的通过,意味着包括美国在内的 72 个签约国可允许自动驾驶汽车在特定时间自动驾驶。

联合国世界车辆法规协调论坛(WP.29)制定的《1958 年协定书》第 79 号条例规定,当车辆主动转向系统开启时,如果车辆速度超过限定速度 10 km/h 20% 以上,或信号不再被接收时,车辆应采取视觉、声觉或触觉反馈等方式为驾驶员做出明确警示,并停止自动驾驶控制功能。该协定于 2016 年就展开了修订讨论,拟取消其第 79 条里"转向设备"对主动转向功能的速度限制要求。取消速度限制后,车辆将被允许在更高速度情况下实施主动转向功能,更有利于自动驾驶车辆商用推广。①

国际层面对自动驾驶技术的关注另一个聚焦是安全问题。联合国于 2018 年成立了智能网联汽车法规工作组(GRVA)。该工作组是联合国在制动与行驶系工作组(GRRF)基础上,整合智能交通/自动驾驶(ITS/AD)非正式工作组设立的新工作组,负责统筹开展联合国有关智能网联汽车法规的协调任务。②目前,GRVA 主要聚焦 L3 级自动驾驶车辆在高速公路上如何行驶,同时聚焦自动驾驶汽车的评估办法、高级辅助驾驶的管理方式,以及智能网联汽车的驾驶安全。如今,在联合国 79 号文件中已经有高级辅助驾驶的相关管理方式。GRVA 正在制定全球自动驾驶汽车的相关文件,主要基于指南和安全原则层面进行定义,以及定义自动驾驶汽车的功能。未来,联合国层面还在推动一项重点工作,即自动驾驶汽车智能存储系统,通过该存储系统记录车辆在驾驶过程中的所有行为信息,无论是自动驾驶、无人驾驶还是驾驶员在驾驶,这个类似

---

① 伦一.美德加快健全自动驾驶制度对我国的启示[EB/OL].(2017-07-09)[2019-02-28]. https://m.sohu.com/a/155637742_683365.

② 中国从自动驾驶车辆工作组筹建阶段就全面参与相关工作,就相关法规协调原则、组织结构和后续工作计划等提出了多项建设性意见。中国政府代表在其第二次会议上当选为工作组副主席。

车载"黑匣子"的东西都可以记录。此外，WP.29正在推行自动驾驶安全愿景，该愿景主要关注自动化车辆的安全水平，要保障自动化车辆的安全水平，确保自动化汽车行驶是安全的，不遭受任何不可承受的风险。保障在自动驾驶汽车运行范围下，自动车辆不能导致任何可预见和可预防的伤亡交通事故。①

---

① 肖莹.自动驾驶将至 联合国/ISO/欧盟法规进展[EB/OL].（2017-05-14）[2018-12-12]. http://auto.gasgoo.com/News/2019/05/140747514751I70104943C601.shtml.

•••• 第十六章

自主机器人

第一节　恐怖与希望同在：自主机器人的未来已来

"机器人"一词早已从科幻小说中走出来，成为工业时代的革命性元素。它们已经成为人们的工作伙伴，甚至在很多工业分支领域成为人们的竞争者。得益于人工智能技术的发展，机器人已经从执行简单的重复性动作的固定式机器，演进成为能够进行自主感知、学习和执行动作的智能系统（图4-2）。它们甚至可以与其他机器人和人类展开合作。

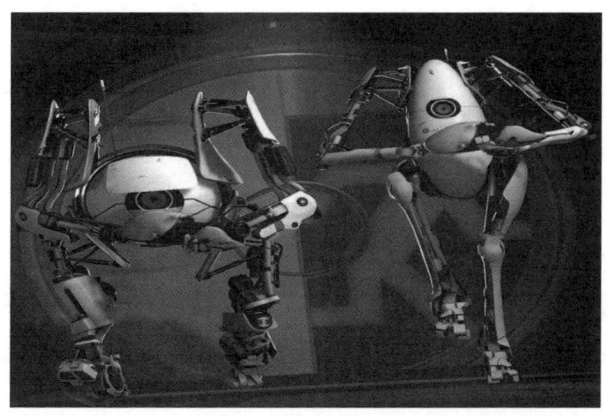

图 4-2

（图片来源：https://www.jd.com/phb/zhishi/9f0849194795376c.html）

自主机器人（Autonomous robot）是可以在行动或执行任务时有高度自主性，不需人为介入控制的机器人，这在航天飞行、居所维护（如清洁）、废水处理、快递分拣等服务中格外的重要。一个完全自主的机器人可以：获取环境信息；在无人类介入的情况下长时间工作；在无人类操控情况下自主运动，可能是运动机器人的部分部位，也可能是整个移动；避免对人类及其财产的伤害（有特殊设计目的的自主机器人除外）。一个自主机器人也能够通过学习获取新的知识，如调整新策略完成任务或者适应新的环境。[1] 对于自主机器人，欧盟的法律事务委员会提出了四大特征：①通过传感器和（或）借助与其环境交换数据（互联性）获得自主性的能力，以及分析那些数据；②从经历和交互中学习的能力；③机器人的物质支撑形式；④因环境而调整其行为和行动的能力。在主体地位方面，机器人应当被界定为自然人、法人、动物还是物体？是否需要创造新的主体类型（电子人），以便复杂的高级机器人可以享有权利，承担义务，并对其造成的损害承担责任？这些都是欧盟未来在对机器人立法时需要重点考虑的问题。

未来是否需要承认机器人等人工智能系统也具有机器权利，同时机器的权利在何种情况下可以行使，是否应该与人类拥有相同的权利，如选举和被选举权等政治权利及民事权利等。

第二节　自主机器人中的法律风险与争议

在不远的未来，随着人工智能技术的不断成熟，自主机器人有可能像霍金所预言的那样成为地球上除男人、女人之外有意识、能思维的"第三类人"，这对传统刑事责任追究制度提出了挑战。具有自主意识与意志的智能机器人是否可以成为刑事责任的承担主体，是否具有刑事责任能力？对这些问题的回答，

---

[1] BEKEY G A. Autonomous robots: from biological inspiration to implementation and control[M]. MIT press, 2005.

有必要针对不同的情形，分别展开技术上、伦理上乃至法律上的深度思考。

一、自主机器人是否应当具备法律人格

自主机器人的法律人格问题是法学研究和法律实践中的首要问题，因为是否具备法律人格直接关系到法律关系的主体问题，关系到能否以其身份自主设立、变更及终止法律关系，关系到主体的权利和义务、法律责任，以及权利能力和行为能力等问题。第十章已经对广泛的人工智能体的法律人格问题做了讨论，本章将特别聚焦于自主机器人的法律人格做探讨。

是否赋予自主机器人法律人格之目的在于从法律上明确其主体地位，进而界定机器人的权利和责任。

当前关于法律人格问题的讨论，总体上是以自主机器人为研究前提的，大体上可以分为三类观点，即肯定说、否定说及在一定条件下赋予自主机器人法律人格。具体的观点和论证也不尽相同。

肯定说。一方面，一些国家已经开始考虑赋予或者已经赋予了自主机器人法律人格。例如，2016 年 5 月 31 日，欧盟委员会法律事务委员提出立法动议，"确保至少最复杂的自动化机器人可以被确认享有电子人（electronic persons）的法律地位，有责任弥补自己所造成的任何损害，并且可能在机器人做出自主决策或以其他方式与第三人独立交往的案件中适用电子人格（electronic personality）。"[1]2017 年 1 月 12 日，欧洲议会法律事务委员会以 17 票对 2 票通过了包含该建议的草案报告，并向机器人民法规则委员会提出了建议。2017 年 10 月 25 日，在沙特首都利雅得的"未来投资倡议"大会上，机器人索菲亚首次被沙特授予了公民身份。这意味着这两个地区的法律将认可自主机器人的法律人格。另一方面，有一些观点认为可以赋予自主机器人法律人格。自主机

---

[1] DELVAUX M. Report with recommendations to the commission on civil law rules on robotics[J]. European Parliament, 2017.

器人具有独立自主的行为能力，有资格享有法律权利并承担责任义务。其理由是自主机器人虽然具有独立自主的行为能力，并有资格享有法律权利并承担法律义务，但其承担责任后果的能力有限，因此需要在确有必要的情况下确立其有限的法律人格，并施以特殊的法律规范和侵权责任体系。

否定说。目前大多数研究者对赋予自主机器人法律人格持否定态度，其依据主要是"工具论"。机器人不是具有生命的自然人，也区别于具有自己独立意志并作为自然人集合体的法人。他们提出的主要论据有，机器人无论以何种方式承担责任，即使提出了"电子人"的概念，最终的责任承担者都是人。[1] 受自然人、自然人集合体——民事主体控制的机器人，尚不足以取得独立的主体地位。[2] 赋予智能机器人法律人格的立法条件并不成熟。[3] 即使认为自主机器人有必要确立其独立的法律人格，首先需要在一国的宪法中赋予其基本权利。[4] 自主机器人是否具备"独立意思的表示""权利能力""行为能力"等独立法律人格所必须具备的要件？即使自主机器人能够符合上述要件，还需追问面对自主机器人时，人类的法律所持有的目的是什么？[5]

拟制人格说。是否赋予机器以法律人格，应根据特定法律目的（效果达成的需要），正如"法人"概念的诞生一样，"全都是依（因目的而选择出来的）法律判断而人为地加以规定"。即使它与"自然人"并没有多少共同的特征相似点。法律概念是为人而存在的——他们是实现人之目的的手段，而不是倒过来。[3]

当前对自主机器人能否具备法律人格的争论尚无定论。可以试想的情况是，若将自主机器人列为法律主体从而受制于法律，人类是否能够真正实现对机

---

① 郑戈. 人工智能与法律的未来[J]. 探索与争鸣, 2017 (10): 78-84.
② 吴汉东. 人工智能时代的制度安排与法律规制[J]. 法律科学（西北政法大学学报）, 2017 (5): 130-138.
③ 孙占利. 智能机器人法律人格问题论析[J]. 东方法学, 2018 (3): 10-17.
④ HALLEVY, GABRIEL. The criminal liability of artificial intelligence entities from science fiction to legal social control[J]. Akron Intellectual Property Journal, 2010.
⑤ 吴习彧. 人工智能, 可以成为法律上的"人"吗[N/OL]. 法治周末. (2019-03-29) [2019-05-27]. https://baijiahao.baidu.com/s?id=1629317747255358629&wfr=spider&for=pc.

人的管控？人类制定的法律终究需要规范的是自主机器人的哪些行为？自主机器人的制造者、设计者和开发者的行为是否才是最需要规范的？机器人可以理解法律吗？还是说机器人仅仅能够执行法律？例如，微软公司的聊天机器人 Tay 并不能很好地理解什么是"Holocaust"（大屠杀），甚至认为它并非是一种不合适的行为。试想一下，未来的自主机器人，能否在触犯法律并受到处罚后自动地修正其行为，进而避免下一次的违法呢？另外，自主机器人能否真正独立地承担其行为后果呢？如果其因侵权或违约行为而需要承担赔偿责任，其是否有独立的财产？如何承担赔偿责任？

二、赋予机器人哪些权利

2010 年 11 月 7 日，日本一个海豹宠物机器人帕罗（Paro）获得了户籍，而在其户口簿上的父亲正是帕罗的发明人。这预示着，机器人在日本可能逐渐被赋予一些法律权利。当前，在认可自主机器人应当具备法律人格的讨论前提下，对于赋予自主机器人哪些法律权利存在诸多争论。2006 年，英国政府发表一份报告预言未来的一场重大转变，称机器人将来会自我复制、自我提高，甚至会要求权利。受这份报告影响，2008 年 1 月，英国皇家医学会（Royal Society of Medicine）专门召开研讨会，讨论"机器人与权利"的问题。[1]2011 年，《工程与技术杂志》（Engineering and Technology Magazine）就机器人是否应该拥有权利展开讨论，控制论专家沃里克（Kevin Warwick）教授认为，拥有人脑细胞的智能机器人应该被赋予权利，而 BBC 的主持人米切尔（Gareth Mitchell）持反对意见。该杂志网站还就"拥有人脑细胞的机器人是否应该被赋予权利"进行调查，结果显示有 17%的人持肯定态度，83%的人反对。[2] 在机

---

[1] MATT JAMES, KYLE SCOTT.Robots&rights: will artificial intelligence change the meaning of human rights?[EB/OL]. (2018-12-21)[2019-07-03].https://www.bioethics.ac.uk/cmsfiles/files/resources/biocentre_symposium_report_robots_and_rights_150108.pdf.

[2] 资料来源：http://eandt.theiet.org/magazine/2011/06/debate.cfm.

器人自我意识觉醒的前提下，讨论赋予机器人哪些权利，尤其是赋予其哪些法律权利，是极其复杂的问题。

人类具有的法律上的基本权利，包括生命权、自由权、财产权、尊严权及追求幸福的权利。美国北卡罗来纳州大学哲学教授汤姆·雷根（Tom Regan）是动物享有与人平等权利的支持者，他认为动物（主要是哺乳动物）与我们拥有一样的行为、一样的身体、一样的系统和一样的起源，它们应该和我们一样，都是生命主体（subject-of-a-life）。所有的生命主体在道德上都是一样的，都是平等的。[①] 平等的原则并不要求相同的对待或完全相同的权利，而是要求平等的考虑。如果动物拥有权利具有一定的合理性，那么根据同样的道理可以推出机器人也可以拥有某些权利。[②]

（一）机器人是否拥有自由权

《世界人权宣言》第一条明确指出："人人生而自由，在尊严和权利上一律平等。"除了人类之外，汤姆·雷根在内的学者认为动物也拥有自由的权利。但如果我们给予机器人自由权，这种自由权是否等同于动物的自由权？随着机器人自由抉择自主意识的发展，在避免对人类生命权构成威胁的前提下，有限的机器人自由权是否应当被赋予机器人呢？

（二）机器人是否拥有生命权

如果仍以动物权利做类比，则可以看动物保护立法比较完善的欧盟国家。在这些国家，为了保护动物，都规定人类不能虐待动物，这意味着动物的生命权得到了法律的保护，其方式是通过限制人类的行为来实现。未来，若面对自主机器人也设定类似动物生命权的保护规范，是否也需要通过限制人类自身的行为才能得以实现呢？其限制的界限在哪里？自主机器人最基本的"生命权"是否可以由人类剥夺？机器人是否拥有知识产权？

[①] 雷根. 打开牢笼：面对动物权利的挑战 [M]. 莽萍，马天杰，译. 北京：中国政法大学出版社，2005.
[②] 杜严勇. 论机器人权利 [J]. 哲学动态，2015（8）：83-89.

随着人工智能技术的进一步发展，机器人具有了创造性的思维，可以独立开展内容创作。根据美国叙事科学（Narrative Science）的预测，未来15年将有90%新闻稿件由机器人完成。2018年，机器人创作的一部小说入围东京文学奖决赛，评委们甚至无法区分哪部作品是由人类创作的，哪部作品是由机器人创作的，甚至一度推选由机器人创作的长篇小说角逐决赛。同样可以预期的是，在美术、音乐等广泛的艺术创作领域，机器人均有可能发挥更加独立的创作能力。2016年10月，欧盟法律事务委员会发布《欧盟机器人民事法法律规则》，提出了赋予自主机器人依法享有著作权、劳动权等"特定的权利与义务"。对机器人创作作品权利的保护，现有法律可以通过保护机器人的创造者，进而保护其机器人创作的作品。但如果机器人创作的作品是在超过机器人本身的创造者预期之上的，机器人本身是否享有独立的知识产权呢？现有的法律制度尚无法回应此类假设，而现有的国际立法和国家立法，尚无针对该问题的立法内容和判例。法律除了鼓励机器人设计者设计出更加智慧的机器人之外，是否有可能和有必要再进一步去鼓励机器人的创造力？这似乎仍是一个停留在假设层面的复杂问题。

法律是调整人与人之间的社会关系的法律规范的总和。是否赋予自主机器人法律地位，是一个国家主权范围内的行为，并不违反国际法。但如果赋予自主机器人独立的法律地位，无论是有限的还是完全的法律地位，均会引起一系列的法律问题。这必然涉及法律将需要调整人与自主机器人之间的社会关系，以及自主机器人之间的社会关系。无论怎样，在人类把持的"最小伤害原则"和"程序正义原则"的基础上，确保机器人以人为本的发展方向，应当是未来法律应对人工智能的基本趋势。当然，这并不意味着法律将会"故步自封"，法律规范现实世界的背后，是一套完整的价值体系，但是价值的选择并不是一成不变的，而是具有多元性和包容性的。随着技术的进步、社会的发展、文明的演进、法律的修正和再造，均有相应的空间，这需要一代又一代的研究者，在面对新型事物时秉持开放但谨慎的态度，在充分估计其现实影响的基础上，共同推动法制的现代化发展。

第十七章

医疗健康

围绕在医疗保健中使用人工智能和机器学习的新兴法律问题是众多且复杂的。一方面，这些新技术的使用为医学研究和提供医疗保健服务的重大进步提供了许多机会；另一方面，这些新技术同时会对不良后果的责任和医疗保健提供者的潜在流离失所造成新的潜在陷阱。

由于算法有可能超过人类智力水平，人工智能已经在医疗领域运用，并用于抗击恐怖主义和全球饥荒。人机协作型手术机器人达芬奇（da Vinci）（图4-3），可以使主刀医生不与患者直接接触，通过三维视觉系统和动作定标系统操作控制，由机械臂及手术器械完成手术。仅在2016年，达芬奇手术机器人就完成了11 445例手术。① 讯飞智医助手以高分通过了2017年临床执业医师综合笔试。②

---

① 董可男，王楠. 智能医疗时代的曙光：人工智能+健康医疗应用概览[J]. 大数据时代，2017（4）：26-37.
② 赵永新. 人工智能会"碾压"人类吗？[N]. 人民日报，2017-11-21（11）.

第四篇　乘风破浪：人工智能具体应用场景中的法律风险　　147

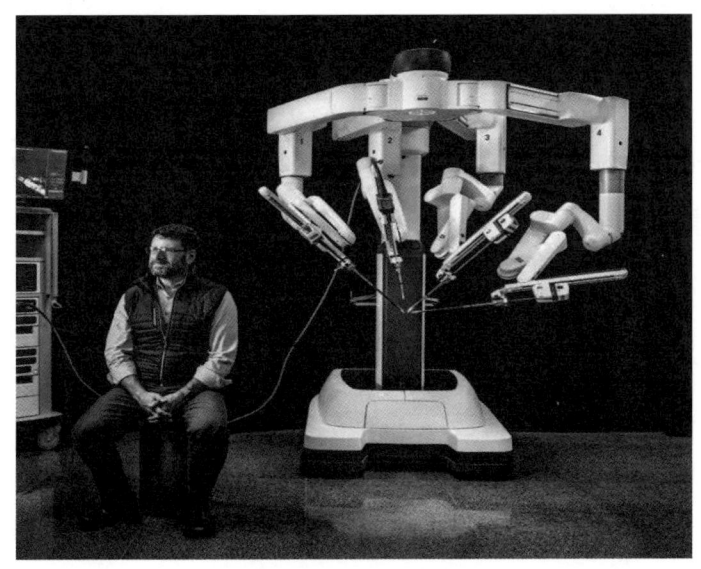

图 4-3　机器人达芬奇

（图片来源：https://tech.qq.com/a/20190215/008415.htm）

当前，人工智能正在改写现代医疗健康领域，"人工智能＋医疗"开始进入大众视野，为推动快速建立精准的智能医疗体系提供了新模式和新方法，人机协调的手术机器人、智能门诊导诊助手、智能影像识别、大数据基因识别技术、新药研发、医院信息存储管理系统等。人工智能用于医疗行业，一方面可以降低成本，改善临床疗效；另一方面也提升了医院的行政管理效率。日本已于 2016 年正式将"机器人服"和"医疗用混合型辅助肢"作为医疗器械在日本国内销售，主要用于改善肌萎缩侧索硬化症、肌肉萎缩症等疾病患者的步行功能。除此之外，还有智能外骨骼机器人、眼科机器人和植发机器人等。围绕在医疗保健中使用人工智能和机器学习的新兴法律问题是众多且复杂的。正如微软首席法务官布拉德·史密斯说："在全球癌症治疗领域，免疫治疗的许多最新进展实际上已经建立在人工智能的基础之上，并且有充分的理由相信这种情况将持续并加速。"

第一节　智能医疗中的法律风险与争议

一、对因使用人工智能来诊断或治疗疾病而导致的不良后果的民事和刑事责任

这里涉及对人工智能介入医疗诊断的程度，或者说首先区分人工智能的强弱。第一种情形，仅在医疗诊断中辅助运用自动化人工智能程序，那么人类在人工智能医疗诊断中依然扮演主要角色；第二种情形，在医疗诊断中主要依靠人工智能诊断方法，但人类在这一诊断过程中具有监督和辅助义务；第三种情形，在医疗诊断中完全依赖人工智能医生，人类不具有监督和辅助的义务。这种区分，与无人驾驶汽车的等级分类非常类似。进行这样的分类，在人工智能介入的医疗行业非常有必要，因为医疗纠纷普遍存在并且呈现逐渐增加的趋势。

当一起人工智能治疗诊断事故是由于使用人工智能或者是监督和辅助义务的人类医生的失职造成的，人类医生显然要根据现行法律承担相应的民事或刑事责任。例如，一位人工智能外科医生（AI surgeon）正在对一名病人实施安装新髋关节的手术，但它在实施手术的过程中遇到机械故障。负责监督手术的人类医生没有合理地监督这一程序，也没有介入去完成这次手术，导致这次手术提前结束，患者不得不接受第二次髋关节置换手术。

在人类并不负有监督和辅助人工智能医生进行诊疗的情况下，或者人类已经尽到了合理的监督和辅助义务，并且没有其他过错，人工智能医生的诊疗也像其系统预设的那样精准运行，但仍然引起了损失或损害，这种情况下所造成损失或损害的所有责任确实不能再归于相关信任链上的某个或某几个主体，包括制造人工智能医生的制造商、开发商，以及不负有相关责任的人类医生。此时，人工智能确须承担独立的责任。

例如，一位人工智能外科医生（AI surgeon）正在执行常规的胆囊切除手术，突然一条此前没有预料到的脆弱动脉开裂。于是，人工智能外科医生开始去修

补这条动脉。监督这台手术的人类医生同意人工智能做出的决定和计划。人工智能外科医生修补好了这条动脉，但随后患者出现了大量失血。考虑到内在的损伤，人工智能决定停止实施摘除胆囊手术。人类医生对此表示同意。为此，患者不得不多花费两周时间住院康复，以便进行第二次胆囊切除手术。术后调查显示，尽管患者在手术之前做了全身检查，但这条动脉的脆弱状态是术前不可预见的。调查也证实监督人工智能手术的人类医生合理履行了其监督职责，并且做好了充分准备在必要时终止人工智能的操作，亲自去完成动脉修复工作。同时，人类医生也认为人工智能外科医生采取了适当的措施去修补动脉，挽救了患者的生命。而有关人工智能技术的诊断结论也显示，人工智能外科医生在手术过程中的操作自始至终都非常规范。此外，这台人工智能机器不存在制造缺陷，在手术之前也没有遭受过任何相关毁损。[①] 目前的法律尚无法回应这一问题，因为现行的侵权责任法以行为人过错和填补损害为基础而构建，损害均可以适当的方式归责于特定行为人，从而实现侵权主体的特定化。在不承认人工智能医生的民事主体资格的情况下，其造成的不可预见的后果，将导致因果关系混乱和损害的难以归责。

尽管如此，依据相关的立法进程，比如欧盟议会投票通过一项决议，就制定《机器人民事法律规则》，对人工智能医生诊疗事故的责任承担建议可以通过保险、储蓄金等形式或模式予以实现。这是一种全新的模式，用以解决人工智能独立责任的承担和赔偿问题。例如，有研究提出，为这类医疗事故预设一个储备金（a reserve of funds），用于支付与人工智能相关的和解和赔偿费用，包括要求针对人工智能购买特定额度的保险（美国已经有了一些实践，其一些州的立法已经针对自动驾驶汽车做了类似规定）或者要求所有的人工智能产品在其售价中增加特定额度的责任费用，以建立一个由政府主导或行业主导的储备金。但是，在实践中，如果出现类似的医疗事故，作为受害者的患者，在其

[①] 约翰·弗兰克·韦弗. 如何起诉机器人：法律责任与人工智能 [EB/OL]. 郑志峰，译. （2019-05-11）[2019-07-22]. https://www.secrss.com/articles/10579.

诉诸法律的道路上可能还面临诸多挑战，比如寻找专家证人去证明其损害的发生是在哪个环节，造成损害的原因是监督人工智能的人类的行为，人工智能的设计缺陷，人工智能制造商的过失，还是因为人工智能遭受毁损抑或是由正常运转的人工智能所造成的？如考虑到人工智能担任医生与传统医疗模式相比存在很多特殊性，作为受害人的患者，是否会被法院认定为"天然的弱者"进而适用无过错责任（严格责任）原则呢？种种假设，仍需要进一步研究和探讨。更为复杂的是，即使人工智能医生自身出现故障而引发医疗事故和纠纷，自主决策和深度学习会使得原定程序复杂化为"技术黑箱"，甚至连设计和研发人员也不具有可读性和可理解性，更不用说不具备技术背景的法官和普通民众。

二、健康医疗数据的归属问题

健康医疗数据自愿使用权到底归谁，是患者个人、医疗机构还是参与建设的企业？这一直是医疗行业的热议话题。医疗行业内的共识：数据是患者、医生、医院三方共同的资源，且不能直接盈利。一般来说，数据可以用于科研项目合作的合理使用，但使用前必须经过患者的同意并签署知情同意书、医生必须得到医院科研项目申请批复。目前，大部分 AI 医学影像公司都是通过与医院或主任合作科研项目获取数据训练模型。还有趋势是，鼓励医疗数据记录的标准化，如电子健康档案和病例等，将其纳入可申请知识产权的范围，同时在科研范围内对其进行合理使用，并在注意保护患者隐私权的情况下，尽其商业用途，这种趋势下涉及的一个问题是谁是知识产权所有人。

三、隐私权问题

隐私权保护的核心，是征得权利人同意。这里的"同意"，主要包含"通知和选择"的含义，反映了个人自治，保障了选择自由。然而，大数据使得知情同意的传统方法不连贯且不可支持，并且确实使得"同意"不再完整和可预期，表现为权利人不再能够预期其同意的数据会被分析成什么结果。如果医疗数据要成为大数据的一部分，知情同意便不再成为可能。尤其是如果研究人员将个人的健康记录与非医疗来源的数据流联系起来时，隐私问题变得更加复杂。如果在请求同意时不存在提供知情同意所需的知识，那么即使最严格的《一般数据保护条例》（GDPR）都无法很好地保护个人隐私。

第二节　各国法律对智能医疗法律风险的探索和实践

目前，各国对智能医疗带来的法律风险的管控集中在对个人隐私信息的保护方面。

一、美国

在美国，利用新技术和人工智能提供的医疗健康服务和医疗健康行业受到严格的联邦层面和州层面的监管。1996 年，美国通过《健康保险携带与责任法》（Health Insurance Portability and Accountability Act，HIPAA），2003 年 HIPAA 中的隐私规则（Privacy Rule）和安全规则（Security Rule）生效。随后，美国进一步通过了 HIPAA 相关补充法案，进而形成了一整套针对个人健康信息的隐私安全法律保护体系。具体内容：①《健康保险携带和责任法案》（HIPAA）制订了医疗健康领域的保健计划、供应链环节、结算环节的电子文件传送、访问、存储方面实施隐私保护的安全标准。其中，在确保私密性的情况下，对患者信息档案保存 6 年；采用不同角色数据使用权限分级制度，以平衡个人医疗健康信息数据与医疗产业发展之间的关系。此外，对于医疗机构如何处理患者信息制定了规范，并对违反保密原则、通过电子邮件或未授权的网络注销患者档案等行为制定了处罚方案。②《经济和临床健康健康信息技术法案》（Health Information Technology for Economic and Clinical Health Act，简称 HITECH）是根据 2009 年《美国复苏和再投资法案》第 11 章（Pub.L.111-5）

颁布的。根据 HITECH 法案，美国卫生和公共服务部将花费 259 亿美元来促进和扩大卫生信息技术的采用，旨在鼓励医疗服务机构实施联邦政府批准的 IT 系统。这些系统就是众所周知的电子健康记录(EHR)，它们可谓是医疗改革的关键，并且为数字化医疗创新搭建了迄今为止最强大的平台。尽管 EHR 得到了迅速推广和应用，但医疗服务机构还是一路面临挑战：许多电子健康记录不能协同操作，阻止了患者在不同的医疗设施和科室之间无缝转换；安全性也是个问题，2015 年共有 1.13 亿人受到了电子健康记录泄密的影响。

二、加拿大

2016 年，加拿大联邦政府为本国公民建立了电子健康档案。加拿大联邦政府于 2001 年建立了卫生信息通路公司（Canada Health Infoway Inc.，简称 Infoway），主要负责卫生信息化建设的具体运营，推进电子健康档案的建设。1998 年，加拿大颁布了《统一电子证据法》（Uniform Electronic Evidence Act），此法提出了电子证据的举证责任、证据完整性的认定规则等，确立了电子病历的证据效力。针对个人健康信息隐私，于 2010 年颁布《个人健康信息保护法》，与该国 2001 年颁布的《个人信息保护和电子文件法》一并在确保居民及时准确获得个人健康信息和隐私保护方面发挥作用，并设置隐私保护专门机构和人员，保障个人健康信息的隐私保护。其中，《个人信息保护和电子文件法》对个人隐私权的保护，主要体现在个人信息保护条款之中，这些规则的条款是由加拿大标准化协会负责起草，被称为个人信息保护的"模范规则"。《个人信息保护和电子文件法》要求任何个人信息经营机构都能够尊重 CSA 模范规则确定的"公平信息利用原则"。

三、欧盟

欧盟并不通过部门立法或专门立法来保护个人健康数据，而是通过统一的数据保护法。2018年5月,欧盟颁布生效的《一般数据保护条例》(GDPR)对于个人数据处理做出严格规定。GDPR是对所有欧盟国家直接生效直接实施的法规,该法规定个人数据处理要遵循透明性原则、最少数据收集原则。同时,数据主体具有随时撤销同意权、被遗忘权、可携带权等权利;欧盟内的公司、企业若违反GDPR相关数据保护规定将被处最高达到全球营业收入的4%,或2000万欧元的罚款,这种处罚力度堪称欧盟对反垄断处罚的最严厉水平。

四、中国

2014年5月5日,国家卫生计生委印发《人口健康信息管理办法(试行)》。该办法适用于人口健康信息的收集、管理、利用及安全和隐私保护所涉及的相关方。其中所称的人口健康信息,是指依据国家法律法规和工作职责,在卫生计生服务和管理过程中产生的电子数据信息,具体包括:全员人口信息、电子健康档案、电子病历和其他信息。2016年11月7日通过的《中华人民共和国网络安全法》中,包含了保障数据安全的内容,其中第40条至第45条对保护网络用户信息和个人信息订立了多项措施。

第十八章

智慧金融

  2010年5月6日，美国股市发生了巨大的震荡，道琼斯指数在20多分钟内暴跌约1000点，其中5分钟内指数下跌了600点，之后又大幅回升。这一交易日创下了有史以来最大单日盘中跌幅，堪称华尔街历史上波动最剧烈的20分钟。更为震惊的是，造成这一"历史性"最惨时刻的是被认为操作的计算机交易程序：不同炒家的计算机程序在相互竞争的过程中导致了失控，这些系统可以"迅雷不及掩耳"地收割小型获利机会，还可以相互探测和利用彼此的交易策略。自动化、人工智能，一旦与充满风险和不确定性的金融市场结合，便很可能带来灾难性的后果。[①] 尽管如此，人工智能在金融服务中的应用，仍是非常重要的。大数据、人工智能技术的快速发展，互联网基础设施的逐步完善，将为金融智能化、数字化发展按下快速键（图4-4）。由于早期致力于开源原则，人工智能的3个关键组成部分——算法、处理能力和大数据，都越来越容易获得。金融将会成为人工智能在中国爆发的第一个且最大的一个领域。人工智能在金融领域的应用多点开花。从美国的IBM Watson被广泛应用于金融客户服务及人工智能软件Kensho被用于预测股价波动区间，到中国的阿里小蜜、蚂蚁金服

[①] 郑戈. 人工智能与法律的未来[J]. 探索与争鸣，2017（10）：78-84.

的刷脸支付等,无不闪现人工智能技术的身影。无论是人工智能初创企业数量,还是人工智能研究开发,美国和中国都位于全球最前沿。

图 4-4　互联网金融

(图片来源:https://img4.iyiou.com/Cover/2017-08-17/hangye-jinrong41.jpg)

第一节　人工智能对金融行业带来的影响

智能金融进化可分为 3 个阶段:第一阶段,作为纯粹人类算法和指令的执行者,在自动交易时帮助人类完成动作;第二阶段,通过学习、模仿和"喂养数据",可以量化分析并提供金融市场预测;第三阶段,能够"自主"做出思考和判断,对市场的分析和决策不受人类的影响。

人工智能可能影响银行业的 4 个领域。首先,面向客户的用途可以将扩展的消费者数据集与新算法相结合,以评估信用质量或价格保险政策。聊天机器人可以为消费者提供帮助甚至是财务建议,节省他们与现场操作员交谈的等待时间。其次,有可能加强后台运营,如资本优化的先进模型、模型风险管理、压力测试和市场影响分析。再次,可以应用于交易和投资策略,从识别价格变动的新信号到使用过去的交易行为,以预测客户的下一个订单。最后,银行可能会在合规性和风险缓解方面利用人工智能。一些公司已在欺诈检测、资本优化和投资组合管理等领域使用人工智能解决方案。

布鲁金斯学会于2018年发布《人工智能改变世界》的报告。报告显示，2013—2014年，美国对人工智能金融的投资增加了两倍，达到122亿美元。该机构的观察人士称，"关于贷款的决定现在由软件制定，可以考虑借款人的各种精细解析的数据，而不仅仅是考虑其信用评分和背景调查。"此外，还有所谓的机器人顾问，"创建个性化的投资组合，避免了对股票经纪人和财务顾问的需求。"这些进步旨在消除投资中的情绪化成分，进而在几分钟内做出基于科学分析的投资决策。[1] 一个突出的例子是在证券交易时，机器的高频交易已经取代了人类的大部分决策。人们提交买卖订单，计算机在眨眼之间即可匹配，无须人为干预。机器可以在很小的范围内发现交易效率低下或市场差异，并根据投资者的指示执行赚钱交易。在某些方面，通过高级计算提供支持。这些工具具有更大的存储信息的能力，它们不强调0或1，而是可以在每个位置存储多个值的"量子位"，因此，这大大增加了存储容量并减少了处理时间。另一个广泛应用的场景是欺诈检测。有时，人们难以辨别大型组织中的欺诈活动，但人工智能可以识别异常、异常值及需要进一步调查的异常情况。这有助于管理者在问题早期就检测到异常，进而避免其发展到现实危险的程度。

第二节　金融监管在人工智能时代的法律风险与争议

一、智能金融所有权分配和智能代理行为的监管难题

一般而言，开发出智能金融产品的公司和个人享有对该产品的所有权，或

---

[1] DARRELL M WEST, JOHN R ALLEN. How artificial intelligence is transforming the world[EB/OL]. (2018-08-25) [2019-07-03]. https://www.brookings.edu/research/how-artificial-intelligence-is-transforming-the-world/.

者依合同约定确定归属。但随着深度学习等智能化技术的进一步提升，智能金融产品本身具有了开发金融产品的能力，此时产生了开发后的金融产品的所有权归属难题。更进一步的情况是，由于人工智能技术的发展，投资账户的所有者和经营者可能发生变化，因为实际的投资账户控制人可能不再是某个主体，而是智能代理。这种情况下，传统的"穿透原则"将不再能够追溯行为主体。监管部门将面临的是究竟该监管"谁"的问题。智能代理行为增加了监管难度。虽然从技术层面上讲，智能代理行为可以从内控程序上加以控制，但对于其具体代理行为的监管边界及责任主体，目前的监管法规均未涉及。

此外，如果个别研发人员设计出一个恶意的智能代理，并被一些集合性质的基金所使用，就可能引发个别股票价格的异动。对于这样的违规行为，现有监管法规将难以界定责任主体。[1] 或者由于数据不佳，对公司业绩的错误分析或算法失灵，可能导致投资者遭受重大损失，因此可能会做出有缺陷的投资决策。如果机器学习模型对信用风险做出有缺陷的决策，也可能产生责任：贷方可能会遭受经济损失，或者借款人的声誉可能会受到损害。如果发生这种情况，对于哪些利益相关方将承担责任还缺乏明确性，是金融机构自身、算法编写者、交易平台还是数据提供者或其他方？

还有一种情况是，大量投资人雇佣同一款表现优异的智能代理，管理其自身账户的投资。由于同一款智能代理的操作逻辑相似，那么这些账户虽然法律上是各自独立，并不关联，但其实际操作可能表现为"一致行动人"的现象。因此，即使监管机构的大数据分析系统能够很灵敏地"捕捉"到这个现象，但是如何认定这种"英雄所见略同"式的行为，将是一个监管难题。[2]

---

[1] 亿欧网.人工智能重构下的金融场景[EB/OL].(2018-01-27)[2019-02-18].https://www.iyiou.com/p/65019.html.

[2] 周琳.机器人投顾：颠覆者来了？[N/OL].经济日报，(2016-01-29)[2018-09-13].http://finance.591hx.com/article/2016-01-29/0000535504s.shtml.

二、算法歧视问题

智能金融的创新,尤其是算法应用于越来越多的数据给金融监管带来了诸多挑战。在竞争与垄断方面,金融算法可能会被人为设置或自我做出合谋决策,从而损害竞争,构成垄断;在违法行为归责方面,智能金融可能由于数据质量差或算法有瑕疵引起投资者大幅亏损,也会因为算法的中立性导致客观"违法行为"的产生。例如,利用预测算法分析数据,可以确定一个人是否将按时偿还他的贷款,从而确定这种贷款是不是银行的风险交易。在许多情况下,人工智能会通过分析并对相关贷款人进行排序。由于算法可能会犯错并将个人误分类,因此该人应该有机会修改此决定。在欧盟,公民有权不受自动决定的约束,尽管在某些情况下这种权利是有限的。此外,必须以透明的方式处理导致自动决定的个人数据,并且必须保护受影响人的合法利益。如果没有这些措施,预测算法的使用可能会导致歧视,污名化和不公正的社会分层。

三、"黑匣子"问题

一些人工智能方法缺乏可解释性,从而引起所谓的"黑匣子问题"。在银行业,由于风险管理的平衡和专有信息的保护,银行对其供应商的模型有多大程度的理解是一个存疑的问题。另外,人工智能产品的不透明性将加剧此类问题。例如,一些人工智能方法能够识别以前未识别并且直观上很难掌握的模式。根据所使用的算法,可能没有人(包括算法的创建者)可以轻松解释模型生成结果的原因。可解释性的挑战可能转化为人工智能方法适用性的更高水平的不确定性。那么,企业如何评估和使用可能无法完全解释的方法呢?风险可能特别严重的一个领域是消费者贷款,有可能引发歧视和其他不公平结果的发生。通过创新渠道或流程所获得服务的机会可以成为推动金融包容性的有效途径。例如,考虑消费者信用评分。许多消费者担心其信用报告存在重大错误,缺乏足够的信用报告信息,或者信用报告不可信。银行和其他金融服务提供商正在使用人工智能来开发信用评分模型，该模型考虑了超出通常指标的因素。人们对这些新模式的潜力有很大的兴趣，允许更多的消费者在现有信贷系统的边缘上以更低的成本提高他们的信誉。如前所述，人工智能还有可能让债权人更准确地建模和降低定价风险，并为决策带来更快的速度。

人工智能可能会带来新的消费者利益，但它不可避免受到公平贷款和其他消费者保护风险的影响。算法和模型反映了开发者的目标和观点，因此，人工智能工具也可以反映或"学习"创建它们的社会偏见。2016美国财政部的一份报告指出，虽然"数据驱动算法可以加快信贷评估并降低成本，但它们也会带来信贷结果的不同影响及违反公平贷款的可能性"。美国的《平等信用机会法》（ECOA）和《公平信用报告法》（FCRA）要求债权人提供有关采取对消费者不利的行为所涉及因素的通知。这些要求有助于提供放贷流程的透明度。通过要求债权人解释他们为什么做出决策来促进公平贷款，并为消费者提供可操作的信息以提高他们的信誉。遵守这些要求将找到解释人工智能决策的方法。然而，一些人工智能工具的不透明性可能使向消费者解释信用决策变得具有挑战性，这将使消费者更难以通过改变他们的行为来提高他们的信用评分。好在，人工智能本身可能在解决方案中发挥作用：人工智能社区在开发"可解释的"人工智能工具方面取得了重大进展，重点是扩大消费者对信贷的获取。

四、信息安全问题

金融人工智能领域的信息安全带有高度的复杂性和特殊性。该类信息（涉及金融消息、个人身份识别信息等）的泄露，会对金融市场乃至社会带来动荡。[①] 金融领域应用人工智能涉及的信息安全问题包括以下3个方面。

其一，个人信息的隐私保护问题。在金融领域，人工智能系统对包含有"个人信息"的广泛数据信息进行利用的可能性和相关行为被数据信息源主体感知

---

① 王德夫. 论人工智能技术的金融应用和法律风险应对[J]. 私法，2018（1）：212-230.

或控制的可能性完全不成比例。人工智能通过对数据信息的排列、整合或分析，已经可以较为准确地分析出他人未公开或其他保密信息内容，而不直接地违反法律规定，甚至不为相关主体所知悉。消费者在使用哪些数据，使用何种的及如何使用数据及使用它们的目的方面都有利害关系。但他们究竟拥有哪些权利，从法律上讲，答案可能取决于消费者居住的地点及他们访问数据时其同意的内容。

其二，基于个人信息所获得的利益的分配问题。消费者、技术公司、第三方数据提供商、监管机构及希望实现人工智能潜力的各类机构都是数据利益相关者，他们对谁拥有数据及拥有数据的目的、价值等方面存在复杂和相互竞争的利益。其中，人工智能系统所处理数据信息的最终源头是社会中广泛且难以尽数的"人"，这些作为数据信息来源的主体所应当享有的利益被人工智能相关利益链条中的受益者们有意或无意地忽视了。在这样无所不在、无时无刻不在自动化运行的网络中，每个社会个体都是数据信息的来源，都在为大数据信息的成形和经济价值的创造或主动或被动地做出贡献。

其三，以"信息安全"为名义的数据封闭问题。与个人相关的信息经由人工智能技术应用广泛地参与到市场经济活动中，在展现出越来越强的经济性色彩的同时，也为现有的个人信息保护制度提出了难题——与"个人"有关的信息范围不断扩大，而在人工智能这种近乎"预测一切"背景下，真正可以获得法律保护的"个人信息"却越来越少。相关经营者有可能以"信息安全"为理由过度地独占数据信息或逃避相应的监管，以求在信息安全、经营者利益和社会整体利益间求得平衡。①

五、网络安全问题

金融服务部门使用的大部分数据都是黑客非常感兴趣的。金融机构用于人

---

① 亿欧网.人工智能重构下的金融场景[EB/OL].(2018-01-27)[2019-02-18].https://www.iyiou.com/p/65019.html.

工智能的大量且不断增加的数据呈现出巨大的攻击面。与第三方数据提供商的合作可能会加剧安全挑战，特别是当第三方通过 API 提供实时数据并且可能没有金融服务中的强化安全接口时。金融服务机构通常需要对安全措施进行风险评估，并设计信息安全计划以保护非公开的个人数据和敏感的商业信息。金融机构也越来越多地对第三方合作伙伴和关联公司使用的安全措施负责。从监管和合规的角度来看，被保险存款机构对第三方供应商负有共同责任。

在欺诈预防和网络安全领域，监管机构可能需要自己的人工智能工具来识别和打击外部人工智能威胁。人工智能构建模块的广泛可用性意味着网络钓鱼者和欺诈者可以使用一流的技术来构建功能强大且适应性强的人工智能工具。受监督的机构可能需要与其设计面临同样强大的威胁和适应性强的工具，这可能会带来某种程度的不透明性。虽然到目前为止，大多数针对消费者的网络钓鱼攻击依赖于标准格式的电子邮件，这种形式成本较高。未来，人工智能工具可能会被用来使网络欺诈和网络钓鱼高度个性化。通过访问具有消费者个人身份信息的数据集并应用开源人工智能工具，网络钓鱼者可以以相对较低的成本向数百万消费者制作高度针对性的电子邮件，其中包含个性化信息，如银行账号和徽标，以及过去的交易。在这种情况下，大型数据集和人工智能可能用于恶意目的，而解决的办法可能是人工智能对抗人工智能。

六、共谋和反垄断问题

人工智能也可能对竞争法产生重要影响，因为定价机制从现有竞争法更容易涵盖其行为的人转向计算机算法。竞争法在历史上一直侧重于被视为同谋限制或扭曲竞争的公司行为者，特别是通过共谋协议和意图参与诸如寡头垄断或竞争产品中的价格垄断等努力。在人工智能驱动的环境中，会出现新的问题。例如，在算法主导的环境中，什么构成共谋？合法性和共谋的界限是什么？算法的开发者和用户有哪些反垄断责任？什么技术可以监控和约束人工智能？如果可以通过机器定义和模拟人类智能,是否有可能创建道德和守法的算法?即使计算机算法是市场参与者的代理,明显的勾结也违反了竞争法。利用算法协调价格或减少竞争的协议仍然是非法的。如果勾结不明确,则可能更难以确定合法性,但可能是默许的。例如,当没有明确同意的价格协调在参与者之间实际进行了协调时,假设由不同公司运营的类似计算机算法来推广最优定价策略,其中每个策略预测另一个人对波动价格的反应,进一步假设算法确定为每个企业所有者最大化利润的最佳方法是为每个企业所有者设定相同的最优价格,这些算法的协同行动是否相当于默契合谋来定价呢?立法者是否允许类似的算法在竞争激烈的行业中运行,直到公司所有者了解到,是在竞争算法中设定了最优价格而形成的共同努力呢?也许立法者可以采取重新定义计算机参与者的"协议"和"意图",引入算法的禁用元素,并限制可用于分析的大数据等措施。竞争法政策至少要求监管机构对隐性合谋进行分析,以适应非人类决策者,并考虑要求更加透明地确定算法所做出的决策,以便对潜在的反竞争行为进行监控和警报机制。

七、数据保护问题

数据,以及实现和管理对这些数据的访问和使用的各种规则和流程,是金融科技业务的核心。即使是最先进和最智能的算法和模型,如果没有高效、安全和合法的访问,也无法获得详细、准确和最新的数据集。在人工智能服务中混合各种数据可能充满风险。首先,大数据收集创建了一个不断增长的攻击面,增加了网络的易受攻击性,黑客希望在未经授权的情况下破坏安全控制并访问个人身份信息。其次,人工智能为黑客提供了登陆和扩展数据泄露的工具(尽管人工智能也将可以成为检测和防止漏洞的工具)。再次,人工智能可以帮助金融机构识别新的关系,但这样做有时可以重新创建被屏蔽的信息,以符合隐私要求的身份。最后,根据与数据主体同意和适用法律法规相关的限制,混合数据难以跟踪和识别数据集是否包括个人身份信息，谁拥有数据及如何使用数据。

使用混合数据的组织需要知道他们拥有哪些数据，数据的存储位置及拥有者。不同的法律和法规适用于不同地区的各种数据类型。例如，无论组织的位置如何，《一般数据保护条例》（GDPR）都将为欧盟数据主体提供审查有关公司处理和保存其个人数据的权利。欧盟成员国的个人可以行使这些权利，以识别收集的有关他们的信息并了解其使用方式，以及在某些情况下访问，要求更正和删除该数据。

为了遵守法规，金融机构可以将数据的来源跟踪到记录级别，并应用策略管理和安全控制，如假名化和加密数据。但是，人工智能中使用的大型数据集的微观管理成本高昂，需要额外的工具，如应用元数据增强技术来识别合规性要求下的数据，对其进行适当标记，并应用策略管理来控制数据访问和使用。有时，企业可能会破坏整个数据集，而不是投入时间和资源来对记录级别的数据源进行微观管理。

近年来，所谓的"个人数据保险库"如雨后春笋般出现，使个人能够存储个人数据并管理其使用，甚至可以收取匿名访问费用。一些机构将健康数据视为个人数据管理可能推广的一个领域，并已经在这方面进行了类似上述"个人数据保险库"管理的努力，但到目前为止，尚未在商业上取得成功。

第五篇

人工智能时代的
社会风险与技术伦理

　　人工智能时代存在消解人类主体性并有可能进一步打破人类与自然之间平衡的风险。人工智能时代的风险具有自制性、全球性和威胁人类主体性的特点。法律承担规制人工智能时代技术风险的责任除了需要积极回应人工智能时代涌现各类新事物和新纠纷对原有的实体法理论的挑战，还应当注意防范人工智能对司法裁判正当性的挑战，特别是要警惕裁判中的算法独裁现象，更需要明确在人工智能时代对技术规制范式的选择。不可否认，当前法律对人工智能的规制仍有明显的局限性和困境，而伦理道德是把握人工智能技术发展方向的最终纠偏机制的另外一种有效尝试。本篇将探讨人工智能时代社会风险的法律防范和技术伦理话题。

第十九章

人工智能时代的技术风险与范式转变

第一节 人工智能时代的新幽灵

21世纪以来，随着互联网的普及，人工智能对社会生活的渗透不断深入。人类社会从网络社会时代迈向大数据时代并极可能在可预见的未来迈入智能时代。从新石器的使用到蒸汽机的发明，每一次技术的重大变革都伴随着人类社会在经济文化和政治结构的巨大变动，人工智能也不例外。事实上，人工智能的兴起与发展对人类现有工作模式、交往方式和价值观念的影响可能是颠覆性的。人工智能为劳动力的解放带来新希望，使更为便捷和舒适的生活成为可能，以致动摇人类直接劳动为基础的社会架构。① 通过云计算、大数据、深度学习等

---

① 马克思就预言过："一旦直接形式的劳动不再是财富的巨大源泉，劳动时间就不再是，而且必然不再是财富的尺度，因而交换价值也不再是使用价值的尺度。群众的剩余劳动不再是发展一般财富的条件，……于是，以交换价值为基础的生产便会崩溃，直接的物质生产过程本身就摆脱了贫困和对抗的形式。个性得到自由的发展，因此，并不是为了获得剩余劳动而缩减必要劳动时间，而走直接把社会必要劳动缩减到最低限度，那时，与此相适应，由于给所有的人腾出了时间和创造了手段，个人会在艺术，科学等等方面得到发展。"参见：张艳.人工智能给法律带来四大挑战[N].社会科学报，2016-08-04（4）.

技术，机器逐步提高对人类智能的模仿程度。与此同时，机器以高于人类的思考速度、优于人类的精确度和强于人类的适应度逐步代替人力劳动。然而，另一方面，人工智能对人文主义的冲击愈发令人担忧，人工智能存在消解人类主体性的风险并可能进一步打破人类与自然微妙的平衡。弗洛姆认为，在现时代，一个新幽灵正在我们中间徘徊，那便是"一个致力于最大规模的物质生产和消费的，由计算机所控制的完全机械化的新社会"。① 马克斯·韦伯也曾形象地指出，人类注定将生活在"技术知识的囚室"中。② 而人工智能时代的到来可能就是这一囚室铸成之时，更有悲观者认为人工智能可能成为人类"最后的发明"。③ 这些警示无不出于对技术发展引发社会风险的担忧，在人类向智能时代迈进的过程中，技术进步与社会风险并存的特征愈发明显。

第二节 人工智能技术潜在的社会风险

风险社会理论最早由德国社会学家乌尔里希·贝克提出，这一理论的提出深受切尔诺贝利核泄漏事故的启发。贝克认为，人类面临着威胁其生存的由社会所制造的风险。现代化正在成为它自身的主体和问题④，因而具有反思性⑤。吉登斯认为，技术发展的社会风险是基于工业社会过度发展而产生的一种对人类社会具有威胁的不确定性，但一旦这种不确定成为现实，就可能产生致命的无法挽回的损失，这是一种制造出来的风险。科学和技术在致力于防止这些风险，

---

① 高亮华. 人文主义视野中的技术 [M]. 北京：中国社会科学出版社，1997.
② 安东尼·吉登斯，斯科特·拉什. 自反性现代化 [M]. 赵文书，译. 商务印书馆，2001.
③ 霍金曾表示，"人工智能或许不但是人类历史上最大的事件，而且还有可能是最后的事件"，"人工智能的全面发展可能导致人类的灭绝"。参见：张艳. 人工智能给法律带来四大挑战 [N]. 社会科学报，2016-08-04（4）.
④ 乌尔里希·贝克. 风险社会 [M]. 何博闻，译. 南京：译林出版社，2004：16.
⑤ 贝克在《风险社会——通向另一个现代化》中将社会变更分为 3 个阶段：前现代（pre-modernity）、简单性现代（simple-modernity）和反思性现代（reflexive modernity），提出反思性现代就是风险社会，并认为处于科学中的"反思性现代"的原则是同进步必然伴随的。

然而首先它们也助力于这种风险的产生。①② 技术发展带来的风险是一种现代化风险，是触及人与自然共生的风险。人工智能发展带来的社会风险具有一定的独特性。

首先，这种风险具有自制性。人工智能是迈向智能时代的技术动力也是智能时代风险的首要来源。人工智能的发展具有不可逆性和不可预测性，人与科技关系的未来走向仍是开放的，而这种开放性本身就意味着风险。人工智能时代，技术的独立性将得到质的提升，那么人与技术建立自由关系抑或统治和利用关系的前景便不甚明朗。

其次，这种风险主要表现为对人类主体性的威胁。自近代以来，人文主义理想始终受到技术发展的冲击。人文主义重视人的感性经验和理想思维，而在技术威权中，人的自主性殆尽，以利润、成本、效率衡量的技术世界忽略了人类自由、平等、博爱等光辉的思想文化。③ 智能时代对人文主义的冲击甚至可能是具有颠覆性质的。在人工智能时代，拟制的智能可能代替人类理性，人类意识和思维将变得一文不值，社会被高度抽象化和计算化，而人类极可能被符号化和数字化，此时人类便成为机器的附属物从而实质上丧失主体性。

最后，这种风险具有全球性趋势。按照贝克所说，"风险社会是一个世界风险社会（world risk society）"④⑤，这种世界风险的特质在人工智能时代愈发明显。以互联网为基础，世界被紧密地勾连在一起，形成一个互联网信息社会，人工智能时代的风险早已超越了地理边界和社会文化边界而普遍地影响着整个信息社会。因此，这种风险需要全球化的合作，以共同应对人工智能带来的伦理、法律和哲学层面的挑战。

---

① 安东尼·吉登斯. 失控的世界：风险社会的肇始[M]. 周红云, 译. 北京：社会科学文献出版社, 2005.
② 刘铁光. 风险社会中技术规制基础的范式转换[J]. 现代法学, 2011, 33（4）：68-78.
③ 高亮华. 人文主义视野中的技术[M]. 北京：中国社会科学出版社, 1997.
④ 乌尔里希·贝克. 风险社会[M]. 何博闻, 译. 南京：译林出版社, 2004：23.
⑤ 成伯清. "风险社会"视角下的社会问题[J]. 南京大学学报（哲学·人文科学·社会科学版）, 2007（2）：129-135.

第三节　人工智能时代技术范式的变化

一、当前科技规制范式的理论基础与特点

当前，科技哲学史中价值中立的技术本质理念已经不再得到主流支持，技术中立理论受到诸多批判。[①] 然而，这种哲学层面的理念转化并没有在国家对技术规制的立法和政策层面引发相应的范式转化。目前，各国关于技术规制的思路仍然建立在技术工具论（instrumental theory）的基础上。

技术工具论基础下的科技规制的最大特点是"技术研究与技术应用分离"和"技术规制的终端责任"原则。政府对技术的规制主要着眼于对技术应用的规范，而在研究阶段的规范欠缺。首先，由于技术本身是中立的，因而技术的研发者对技术应用造成的后果并不需要承担法律责任，对研发者的规制主要是道义和社会责任层面的。其次，技术工具论下强调对技术秘密的严格保护。由于技术自身中立，规范并不重视对技术研究及其过程的监督，比较尊重对技术秘密予以最大限度的保护。再次，技术中立下的规范容忍"极权技术"，即允许技术的研究与应用有少数技术利益获得者进行决策，从而导致技术研究与应用决策的集权化。马尔库塞在《单向度的人》中便警告科学技术可能取代传统的政治恐怖手段成为一种新的控制形式，从而使人丧失对现存社会否定和批判的第二向度。[①②] 最后，技术工具论下的法律政策带有明显的地域限制。技术中立否认了跨国界法律规制的必不可少性，各国均出于发展本国技术的目的以巩固本国技术领先水平或赶超他国的技术水平的目的而制定和调整本国技术规制

[①] 高亮华.人文主义视野中的技术 [M].北京：中国社会科学出版社，1997.
[②] 马尔库斯认为，在当代工业社会中，技术不仅决定着社会需要的职业、技术和态度也决定着个人的需要与欲望。当代工业社会倾向于成为一个极权主义的，因为极权主义不仅是指社会的恐怖的政治调节，而且也指通过既得利益集团对需要加以操纵 而来运转的非恐怖的经济—技术调节。而在当代工业社会的极权主义特色面前，技术"中立"的传统观念已不再适应。

政策。①

以技术中立论为基础的法律规制范式对技术的发展报以极大的宽容甚至是放任。这或许是出于科学技术作为第一生产力对人类社会发展的重要性考量，也可能是各国科技实力竞争白热化的政策需要，抑或仅仅是出于对技术工具理论下的法律规制范式的惯性式依赖。无论何种原因，这种以技术中立论为基础的规制范式已经不能回应人工智能时代技术带来的社会风险特别是消解人类主体性的风险。人工智能时代，法律对技术的规制应当更为积极、全面和开放。

二、科技规制范式的新理论基础及转变

技术中立理论不足以支撑人工智能时代的技术规范范式，技术实体理论也不符合人类向人工智能时代迈进的趋势。技术实体理论否定技术的中立性，对技术的发展持悲观的态度，并主张回归到自然的淳朴天真的状态。例如，卢梭在《论科学与艺术》中就主张"科学与艺术是奢侈怠惰的产物，是道德败坏的根源"。②③ 技术实体理论是人类认识到技术潜在风险后矫枉过正的观点，这种遏制和逃避技术发展的思想显然与人类社会向前发展的趋势不相符。因而这种逻辑也无法支持科技规制的范式。立足于技术中立理论与技术实体理论中间的技术批判理论④，对技术造成的社会危险做出更为审慎的哲学反思，也更符合对人工智能时代技术规制范式的要求。技术批判理论建立在技术非中立的基础上，并主张以积极的态度面对现代技术的发展。从技术批判理论来看，没有所谓的"技

---

① 关于技术工具论下法律对技术规制范式的特点可参见：刘铁光.风险社会中技术规制基础的范式转换[J].现代法学，2011，33（4）：66-78.
② 梯利.西方哲学史[M].葛力，译.北京：商务印书馆，2000：428.
③ 王耀华.对于"技术"本质的现象学反思及可能的未来：海德格尔后期关于"技术"的哲学追问[J].北京大学研究生学志，2006（1）：62-73.
④ 安德鲁·芬伯格认为，技术批判理论处于听天由命和乌托邦之间，技术批判理论反对宿命论，不会在胜利的技术面前绝望，也不提倡人类精神在一种超越社会的领域（如宗教）中得到复兴。参见：安德鲁·芬伯格.技术批判理论[M].韩连庆，曹观法，译.北京：北京大学出版社，2005：16.

术"本身，技术存在于某种应用的情景中。

基于技术批判对技术本质的探讨和对人与技术关系的警示，法律对科技发展的规制需要做如下的转变。首先，重视对科技研发阶段的规制并明确技术责任的分配。例如，在人工智能时代，机器研发的伦理问题在研发制造阶段便应当提上日程，对研发者的责任不能仅仅依靠社会责任和伦理道德，由于技术本身非中立，研发者有责任对禁止研究的技术承担相应的责任。其次，提高科技研究的透明度和民主化。在保证科研充分活跃性和创新性的基础下，应当适当公开技术信息以实现社会对技术发展的监督。在人工智能时代，机器智能技术的任何发展应当及时向社会反馈，脱离公众监督和预期的技术发展可能是无序和危险的。最后，技术风险的法律规制应当注重国际交流与合作。人工智能时代的技术风险是面向人类社会整体的全球化风险，任何国家均不可能遗世独立，置身事外，同时任何国家的技术规制结果均可能影响整体，因此构建全球性的规制框架刻不容缓。

三、具体风险示例：算法独裁与司法中立性冲突

智能时代存在着现代性的负面影响，因而有必要采取风险应对措施。作为社会规范的基本准则，法律显然应当承担起规制技术风险的责任。然而面对智能时代社会风险的特征，既有的法律对技术规制范式和理论体系已显得捉襟见肘，不仅难以有效规制风险的发生，也不能充分回应智能时代涌现的新争议解决的需求，原先的规制范式和法学理论亟须转变和突破。而另一方面，法律自身并不能独身于人工智能带来的社会风险，技术可能侵蚀法律规范自身的逻辑，因而法律更需要重新审视自己的逻辑以应对技术对司法正当性扭曲的危险。其中最为突出的便是人工智能在司法裁判中应用导致的算法独裁问题，这不仅仅会冲击法律的公平正义，更可能导致法律中人文关怀的丧失。

在传统的司法裁判中，科技的应用是辅助性的、纯技术性的。传统的信息

技术是一种线性思维，而法律的过程则是非线性的。然而，人工智能的出现可能改变科技在司法裁判中的地位。人工智能不仅可以帮助人们处理复杂的法律条文和案件分析，也可以帮助法官有效地拟合判案的情景与法律条文的关系。同时人工智能所提供的法律查询技术与专家意见参考，以及相似案件的裁判结果，也有利于促进同案同判与司法公正。[1] 2018 年，中国相继在杭州和北京设立的互联网法院得到广泛关注，虽然当前互联网法院侧重于解决网络纠纷，但是从设立初衷来看，互联网法院的设立绝不止于成为特定纠纷解决的专门法院，而是旨在探索人工智能与司法裁判结合的智能法院。

在惊叹于人工智能对司法裁判效率史无前例的提高的同时，人工智能可能导致的算法独裁问题也不容忽视。法律本身具有复杂性，司法裁判充满了利益衡量以实现个案正义，每一次的审判就像是法官精心雕琢的艺术品。正如美国法学家霍姆斯所说法律的生命不在于逻辑而在于经验。而在人工智能的裁判中，会出现数据正义观、代码正义观和算法正义观。[2] 人工智能的审判结果实质上是通过一定的算法做出的，这种算法预设的正义无论多么强大都只表现于"对规则理性的推理方面，而无法像人类一样去运用超越规则之上的价值判断"。[3] 因而极可能产生个案的不公正。这些不公正的审判又可能重新传回法律价值层面，进而形成人们对司法裁判的预期，从而深远地改变人类在法律规范中注入的价值观。因此，将人工智能引入司法裁判领域需时刻警惕着对法律价值观和法律正当性破坏的危险。人工智能的引入不能将司法裁判变成算法和数字的较量，始终不能忽视的是司法裁判以解决人类纠纷、维护人们的合法权利和社会稳定为宗旨。人非算法是司法裁判的目的。大数据、云计算、信息技术、人工智能都只是实现合法正义的辅助手段，切不可本末倒置，这是始终应铭记的一条基

---

[1] 高奇琦，张鹏. 论人工智能对未来法律的多方位挑战 [J]. 华中科技大学学报（社会科学版），2018（1）：86-96.

[2] 马长山. 智能互联网时代的法律变革 [J]. 法学研究，2018（4）：22-38.

[3] 李晟. 略论人工智能语境下的法律转型 [J]. 法学评论，2018（1）：98-107.

本原则。①

从对技术的盲目崇拜再到对技术发展的畏惧直至在技术批判理论下对人与技术关系重新地审视，寻求人与技术的自由关系，人类对科学技术的认识是逐步深入与进步的。人工智能时代的来临对人类社会的诸多领域均可能产生颠覆性的影响，法律领域也不可能脱离这种裹挟。面对人工智能时代，法律扮演着双重角色，一方面，法律应当成为技术危险控制和防范的手段，维护人类的主体地位；另一方面，法律也应当警惕技术对法律领域人文主义的侵蚀。

---

① 季卫东. 人工智能时代的司法权之变[J]. 东方法学，2018（1）：125-133.

第二十章

人工智能发展的基本伦理准则

第一节 各国及国际组织开展人工智能伦理研究

面对法律规制的局限性和困境,伦理道德则是把握人工智能技术发展方向的最终纠偏机制。各国和国际组织专家研究人工智能可能带来的伦理风险并达成了一系列伦理准则。欧盟的人工智能高级专家组在2018年发布《可信赖人工智能的道德准则草案》[1],试图建立一个约束机制,使人工智能的研发尊重人类基本权利、原则和价值观。事实上,欧盟人工智能时代价值观、权利观的塑造是欧盟特别关注的领域和独特优势。[2] 美国公共政策委员会于2017年1月12日发布了《算法透明和可责性声明》提出7项准则:①充分认识;②救济;③可

---

[1] The European Commission's High-Level Expert Group Artificial Intelligence.Draft Ethics Guidelines for Trustworthy AI [R/OL]. (2018-12-08) [2019-07-02]. https://www.euractiv.com/wp-content/uploads/sites/2/2018/12/AIHLEGDraftAIEthicsGuidelinespdf.pdf.

[2] 国家人工智能标准化总体组.人工智能伦理风险分析报告 [R/OL]. (2019-04-28) [2019-07-03]. https://max.book118.com/html/2019/0428/6201014011002025.shtm.

责性；④可解释；⑤数据来源保护；⑥可审查性；⑦验证和测试。① 日本人工智能学会（JSAI）发布了《日本人工智能学会伦理准则》，要求日本人工智能学会会员应当遵循并实践以下准则：①贡献人类；②遵守法律法规；③尊重隐私；④公正；⑤安全；⑥秉直行事；⑦可责性与社会责任；⑧社会沟通和自我发展；⑨人工智能伦理准则。加拿大发布的《可靠的人工智能草案蒙特利尔宣言》提出了7种价值分别是福祉、自主、正义、隐私、知识、民主和责任，宣言指出它们都是人工智能发展过程中应当遵守的道德原则。②

除了官法机构达成一系列人工智能发展原则，学界作为推动人工智能技术的主力军也达成一系列约束研发者的发展准则，并形成了两个最具影响力的伦理共识："阿西洛马人工智能原则"（Asilomar AI Principles）与电气和电子工程师协会（IEEE）组织倡议的人工智能伦理标准。

"阿西洛马人工智能原则"是2017年1月在阿西洛马召开的"有益的人工智能"（Beneficial AI）会议上提出的并由生命未来研究所（Future of Life Institute）整理形成，内容包括安全性、故障透明、审判透明、职责、价值观一致、人类价值观、保护个人隐私、尊重自由和隐私、共享利益和共享繁荣、人类控制、非颠覆及禁止人工智能装备竞赛等。③IEEE倡议的人工智能伦理标准体现在它发布的文件中。2016年12月发布的《人工智能设计的伦理准则》（Ethically Aligned Design）第一版中，鼓励科研人员在研发中关注伦理问题，报告指出，人工智能的发展应当符合人权保护的要求，优先考虑人类和自然环境的利益，在人工智能或智能系统发展过程中防控风险和负面影响。报告提出4项原则：

---

① USACM. Statement on Algorithmic Transparency and Accountability [EB/OL]. (2017-01-12) [2019-07-03]. https://www.acm.org/binaries/content/assets/public-policy/2017_usacm_statement_algorithms.pdf.
② 国家人工智能标准化总体组. 人工智能伦理风险分析报告 [R/OL]. (2019-04-28) [2019-07-03]. https://max.book118.com/html/2019/0428/6201014011002025.shtm.
③ 生命未来研究所. 阿西洛马人工智能原则 [EB/OL]. (2017-01-17) [2019-07-03]. https://futureoflife.org/ai-principles-chinese/.

①人类利益，确保人工智能不侵犯人权，人类自由和文化多样性等；②责任，人工智能造成的损害应当是可以被问责的；③透明性，人工智能的运作系统必须是透明的，在发生事故时是可以复查的；④教育和意识，应当加强人工智能伦理教育，提高伦理意识。①

从各国及国际组织对人工智能伦理的研究和提出的一系列原则看，人类关于人工智能发展已经达成一些共识，如人工智能技术应当以人为本，服务于人类社会与自然环境，尊重人类人格权和身份权，具体而言包括生命、健康、平等、隐私、自由等权利，为了规范人工智能技术的使用，技术也应当是透明的，可追责的。

第二节　中国人工智能伦理准则发展导向

全国政协副主席、中国科协主席万钢在第三届世界智能大会上指出，"要加快人工智能的道德与伦理研究。目前国内在这方面尚处于初级阶段，急需由技术专家和人文社科专家来共同努力，探索人工智能发展的前沿所面临的伦理难题。提炼基于中国文化和伦理的人工智能的规范，以人类为中心的人工智能技术路线，使人工智能的研发设计符合正确的价值观导向，确保人工智能为人类服务。"②《规划》也特别重视技术伦理的研究和框架构建，《规划》指出要开展人工智能行为科学和伦理等问题研究。考虑到弱人工智能时代，技术和人协作情况较为普遍，《规划》指出要建立伦理道德多层次判断结构及人机协作的伦理框架。《规划》还特别重视对人工智能技术人员的道德规范并要求加强对人工智能潜在危害与收益的评估，构建人工智能复杂场景下突发事件的解决方

---

① IEEE. Ethically Aligned Design：Edition 1 [EB/OL]. (2016-12-13) [2019-07-03]. https://standards.ieee.org/content/dam/ieee-standards/standards/web/documents/other/ead_v1.pdf.
② 万钢. 我国人工智能的挑战与对策 [EB/OL]. (2019-06-12) [2019-07-03]. http://www.cinn.cn/gykj/201906/t20190612_213628.html.

案。《规划》的要求回应了人工智能时代科技范式变化和社会风险理论的警示。

人工智能具体伦理发展中应当坚持人类根本利益原则和责任原则。人类根本利益原则要求人工智能技术的发展应以实现人类根本利益为终极目标,应当服务于满足人类自身生存需要的目的,且为人类争取良好的生存条件,为人类幸福生活而服务,故人工智能伦理准则需要以人类根本利益为前提和基础。基于该原则,人工智能的研发和应用应当是以促进人类向善为目的(AI for good);人工智能算法应当透明非歧视;人工智能技术应用不应当损害个人的人身和财产权益等。总之,人工智能技术应当服务于人类发展。

责任原则指在人工智能相关的技术开发和应用两方面都建立明确的责任体系。在责任原则下,在人工智能技术开发方面应遵循透明度原则;在人工智能技术应用方面则应当遵循权责一致原则。依据透明度原则,人类应当能够了解决策的原理和预期结果。这需要人工智能算法具有可解释性(explicability)、可验证性(verifiability)和可预测性(predictability)。依据权责一致原则,人工智能的设计和应用中应当保证能够实现问责。要实现权责一致,一方面,需要更为明确的责任分配规范;另一方面,需要借助研发和决策过程充分的透明度,还需要在整个行业中树立伦理观念和责任意识。

第六篇

展望未来：人工智能法律法规和伦理规范领域的国际合作

人工智能对全球治理提出了新的课题。各行业、各领域的国际组织和机构通过会议、研讨等多种形式探讨在人工智能时代的国际合作，探索在法律、伦理等方面的国际合作前景。本篇将介绍政府、非政府组织、学术界和企业界在人工智能议题上的国际合作情况及发展前景。

第二十一章

国际合作现状概览

人工智能对全球治理提出了新的课题。① 伴随人工智能向各行业、各领域的快速渗透,联合国、世界经济论坛、OECD、电气和电子工程师协会(IEEE)等国际组织和机构,通过会议、研讨、项目等多种形式陆续推出了人工智能伦理和法律领域的原则和准则,以期为世界各国的人工智能监管提供参考借鉴。

第一节 联合国框架下的国际合作

随着新一轮人工智能热潮的到来,联合国近几年高度重视人工智能、机器人、自动化等在民用领域的广泛应用。

一、联合国教科文组织(UNESCO)

联合国教科文组织(UNESCO)在人工智能领域的工作重点在于探讨人工智能道德、政策和能力建设领域的战略目标和行动。目前,工作重点围绕"道德"主题展开,UNESCO重点关注:①规范性反思,以确定或"创造"道德原则,用于回应所提出的道德问题,并相应地指导人工智能的发展和应用;②思考实

---

① 傅莹. 人工智能对国际关系的影响初析[J]. 国际政治科学,2019,4(1):1—18.

现公平、问责、透明、性别平等，人工智能文化多样性的必要性和方式，以确保由人工智能驱动的决策尊重人的尊严并保护基本人权。

2016 年，UNESCO 与世界科学知识与技术伦理委员会（COMEST）联合发布了《机器人伦理初步报告草案》。该报告指出了机器人制造和部署的伦理道德问题和责任分担机制，并强调了可追溯性的重要性，即让机器人的行为及决策全程处于监管之下。

2019 年 3 月 4 日，UNESCO 在巴黎举行了关于人工智能的伦理、社会和人权影响的高级别多利益攸关方活动，以启动教科文组织关于人工智能的新倡议。该活动围绕人工智能的道德维度设计，共同反思人工智能如何在教科文组织的各个主管领域改变或改变社会，包括面对颠覆性技术对人类意味着什么的基本哲学思考；确定这些领域中这些变革的潜在风险和利益，特别是在道德、社会和人权影响方面；识别并确定教科文组织在道德、政策和能力建设方面的行动和目标需要解决的具体问题；在每个领域制订一些关于对这些问题的答复的初步建议。

二、国际电信联盟（ITU）

国际电信联盟（ITU）在人工智能方面的定位是作为一个政府、工业界和学术界的中立平台，以促进新兴的人工智能在能力建设、技术标准化和政策指导等领域的共识。ITU 与联合国其他机构及其外部机构共同组织年度"人工智能全球峰会"，旨在加速和推动人工智能解决方案的发展和制度化进程，以解决与贫困、饥饿、健康、平等、教育、环境等方面的具体的全球挑战。迄今为止，"人工智能全球峰会"已经于 2017 年 6 月、2018 年 5 月和 2019 年 5 月举办了 3 次。

另外，ITU 也正与世界卫生组织（WHO）共同致力于人工智能在卫生健康领域的应用，旨在利用人工智能的力量推动全人类的健康发展。这两个组织将通过 ITU 于 2018 年 7 月成立的卫生人工智能焦点小组共同工作，近期的具体目标是制定一个国际"卫生人工智能"标准框架。

在政策层面，ITU 举办滚动的全球监管机构专题研讨会（GSR）。GSR 汇集了来自世界各地的国家电信／信息通信技术（ICT）监管机构的负责人，旨在促进监管机构、决策者、行业领导者和其他主要 ICT 利益相关方之间的对话。2019 年的 GSR 研讨会于 7 月 9—12 日举行，主题是"关于人工智能、物联网和网络安全的全球对话——政策和监管方面的挑战和机遇"。

三、联合国区域间犯罪和司法研究所（UNICRI）

联合国区域间犯罪和司法研究所（UNICRI）是一个联合国机构，成立于 1965 年，旨在支持政府间组织、政府组织和非政府组织制定和执行预防犯罪和刑事司法领域的改进政策。UNICRI 的工作侧重于预防犯罪和刑事司法的不同领域，包括反恐、国际刑法、重大活动的安全、网络犯罪、环境犯罪、少年司法和城市安全。

预防犯罪、刑事司法及执法和国家安全是人工智能和机器人技术有望发挥作用从而提升传统技术的领域之一。人工智能在上述领域的相关作用如下：可用于监测犯罪和恐怖主义网络不断变化的格局，有效分析威胁数据和历史信息；认识到人眼无法看到的行为模式；并制定未来犯罪或恐怖主义行为的假设。特别是所谓的"预测性警务"可以为执法机构和国家安全机构提供机会，采取积极主动而非被动的方式处理犯罪和安全问题。此外，机器人可以用于收集可操作的数据并处理对于人类来说可能过于沉闷、肮脏或危险的情况，如响应炸弹威胁。然而，人工智能的上述作用尚未被充分认识到，原因之一是对相关问题的社会、道德和法律问题尚未得到较好的解决，这甚至可能危及人工智能和机器人技术的快速发展。例如，这些技术本身不仅具有对人类造成人身伤害的固有潜力，还存在着对自主使用武力、决策系统中的算法偏差和黑匣子、数据收集和侵犯隐私权的担忧及这些技术有可能被犯罪分子或恐怖组织滥用等风险。此外，人工智能的发展可能导致工人大规模流离失所，并通过新的移民浪潮和犯罪率上升引发社会不稳定，发展中国家和经济转型国家将首当其冲。尽管人

第六篇　展望未来：人工智能法律法规和伦理规范领域的国际合作　183

工智能和机器人技术领域正在进行广泛而迅速的创新，但国际上还没有专门的从执法和国家安全的角度去探讨相关的风险的和收益。这使得人工智能和机器人技术应用于执法和国家安全领域，或应用于现有的政策和法律框架以解决潜在的相关风险和防范犯罪或恐怖分子滥用的最佳做法，仍属于边缘问题，甚至仅存在于科幻小说中。

基于上述背景和实践，2015年年初，UNICRI启动了人工智能和机器人技术方面的相关工作。在海牙市政府和荷兰外交部的支持下，UNICRI决定在海牙成立第一个联合国人工智能和机器人中心，规范人工智能的发展。该中心致力于通过提高认识、教育、信息交流和利益攸关方协调等方式，从犯罪和安全的角度理解和解决人工智能和机器人技术的风险和益处。具体而言，该中心的工作是提高对人工智能和机器人技术对预防犯罪、刑事司法及执法和国家安全的潜在影响的认识和理解，重点关注可能的风险和利益。该中心将提供一个国家和安全机构所需工具的平台，以评估人工智能和机器人技术的进步，分享和检查人工智能和机器人应用的最佳实践方案和安全策略，并讨论解决潜在相关风险可能需要的政策或法律框架。它将寻求在技术支持的警务和安全方面培养一种文化，并从执法和国家安全的角度为人工智能和机器人技术的进一步行动争取国际支持。

此外，联合国世界知识产权组织（WIPO）也发布了其在人工智能领域的第一份报告《WIPO Technology Trends 2019：Artificial Intelligence》，[①] UNCTAD也发布了包含人工智能等诸多信息技术的研究报告《2018年技术与创新报告：利用前沿技术促进可持续发展》（"Technology and Innovation Report

---

① WIPO. WIPO Technology Trends 2019：Artificial Intelligence[R/OL]. （2019-03-15）[2019-07-03]. https://www.innovation4.cn/library/r37527.

2018：Harnessing Frontier Technologies for Sustainable Development"）。[1]

第二节 世界和经济论坛下的国际合作

世界经济论坛（WEF）以国际公私伙伴关系为重点，提供了一个中立客观的平台，帮助那些正在努力实施政策和人工智能治理的国家和企业。该论坛正在旧金山、东京、北京和孟买建立第四次工业革命中心。人工智能和其他技术的治理项目将在这些中心与政府、企业、学术界和民间社会共同创建。

WEF 于 2019 年 3 月发布的人工智能白皮书《人工智能治理：将伦理贯彻到人工智能中的整体方法》（"AI Governance：A Holistic Approach to Implement Ethics into AI"）。[2] 报告旨在通过探讨将伦理价值应用于人工智能驱动技术中的可能方法和机制，为构建以人为中心的人工智能社会做出贡献，从而丰富正在进行的关于在人工智能中实施伦理考虑的辩论。政府治理和监管的形式很多，但常常落后于人工智能的快速技术，因为它需要很长时间才能进行规范。WEF 认为在人工智能领域，适度的监管是必要的，但成功监管的最佳方式是实施高效敏捷的治理措施，包括标准的制定和使用、限制或认可的社会规范的出现、私人激励计划、专业机构的监督和认证、行业协议和组织自愿或通过其合同适用的政策，与竞争对手、供应商、合作伙伴和客户的关系。

在人工智能领域，WEF 正在实施一系列人工智能和机器学习项目，包括：①解锁公共部门人工智能（Unlocking public-sector AI）。尽管人工智能具有极

---

[1] UNCTAD. Technology and Innovation Report 2018 Harnessing Frontier Technologies for Sustainable Development[R/OL]. (2018-05-15) [2019-07-03]. http://www.indiaenvironmentportal.org.in/content/455166/technology-and-innovation-report-2018-harnessing-frontier-technologies-for-sustainable-development/.

[2] WEF. AI Governance A Holistic Approach to Implement Ethics into AI[R/OL]. (2019-05-03) [2019-07-02]. https://www.weforum.org/whitepapers/ai-governance-a-holistic-approach-to-implement-ethics-into-ai/.

大改善政府运营的潜力，但出于对偏见、隐私、问责制、透明度和整体复杂性的担忧，许多公共机构对利用人工智能持谨慎态度。公共部门采购和部署人工智能的基本标准可以帮助克服这些担忧，为政府与公民更好地互动和服务开辟新途径。此外，作为监管之外的一种更为温和的选择，政府的强大购买力和公众信誉可以推动私营部门采用这些标准。②人工智能董事会领导力工具包（AI board leadership toolkit）。随着人工智能越来越成为跨行业商业模式的必要条件，企业领导人需要确定这种复杂技术能够给企业带来的具体好处及设计、开发和部署它的必要性。一套实用的工具可以帮助董事会成员权衡关键的问题和满足不同利益相关者的需求，如任命一名首席价值官或创建一个道德咨询委员会。③人工智能伦理教学（Teaching AI ethics）。有关人工智能设计的决策往往是由工程师做出的，他们在复杂伦理考虑方面接受的培训很少。大学仍在努力寻找有效的方法，将这些问题纳入技术类学生的课程。WEF 的全球未来人工智能和机器人理事会（Global Future Council on Artificial Intelligence and Robotics）正在创建一个可操作且有用的资料库，帮助教师在人工智能课程中加入社会调查和讨论。

第三节　经济合作与发展组织下的国际合作

近几年，经济合作与发展组织（OECD）开展了许多关于人工智能的实证和政策活动，以支持政策辩论。2016 年，OECD 举办了"人工智能技术前瞻论坛"。2017 年，召开了"智能机器、智能政策"国际会议。该组织也进行分析和测量工作，概述人工智能技术领域，绘制人工智能技术及其应用的经济和社会影响，确定主要政策考虑因素，并描述各国政府和其他利益攸关方在国家和国际层面的人工智能举措。这项工作表明需要在国际层面形成稳定的政策环境，以促进人类对人工智能技术的信任和采用。在此背景下，经合组织数字经济政策委员会（CDEP）同意制定一项理事会建议草案，以促进以人为本的信任人工智能方法，促进研究，保留经济激励机制以实现创新，并适用于所有利益攸关方。

2019年5月22日根据经合组织数字经济政策委员会（CDEP）的提议，OECD通过了第一个政府间关于人工智能的标准——《人工智能理事会建议》（Recommendation of the Council on Artificial Intelligence），以帮助建立一个利用不断发展的技术利益的全球政策生态系统，同时保护人权和民主价值观。该建议书对于促进社会中可信赖的人工智能的采用，以及将人工智能可信度转变为全球市场中的竞争参数至关重要。美国在内的36个初始成员国与阿根廷、巴西、哥伦比亚、哥斯达黎加、秘鲁和罗马尼亚共同签署了该提议。建议的提出者希望能够帮助塑造一个稳定的监管环境，促进科技的积极用途，同时避免对人工智能不道德的滥用。

该建议书中所创建的标准在隐私、数字安全风险管理和负责任的商业行为等领域补充现有的经合组织标准。该建议书侧重于特定的人工智能的问题，并制定了一个可实施且足够灵活的标准，以便能够经受住人工智能这一快速发展领域的时间考验。该建议书确定了5项基于价值观的互补原则，用于负责任地管理值得信赖的人工智能，并呼吁人工智能参与者促进和实施这些原则：①人工智能应通过促进包容性增长，可持续发展和福祉使人民和地球受益；②人工智能系统的设计应尊重法治、人权、民主价值观和多样性，并实施适当的保障措施，例如，在必要时进行人为干预，以确保公平和公正的社会；③人工智能系统应该有透明度和负责任的披露，以确保人们了解基于人工智能的结果并对其提出挑战；④人工智能系统必须在其整个生命周期内以稳健、安全的方式运行，应不断评估和管理潜在风险；⑤开发、部署或运营人工智能系统的组织和个人应根据上述原则对其正常运作负责。

此外，该建议书还向政策制定者提供了5项有关国家政策和可靠性人工智能国际合作的建议，具体内容：①投资人工智能研究与开发；②为人工智能培养数字生态系统；③为人工智能塑造有利的政策环境；④加强人力资源建设，为劳动力市场转型做准备；⑤可信赖人工智能的国际合作。该建议书还包括制定衡量人工智能研究、开发和部署及建立证据基础以评估其实施进展的指标的规定。

第四节　电气和电子工程师学会下的国际合作

电气和电子工程师学会（IEEE）是一个建立于1963年1月1日的国际性电子技术与电子工程师协会，亦是世界上最大的专业技术组织之一，拥有来自175个国家的42万会员。在人工智能领域，IEEE建立了人工智能与自动系统的道德伦理倡议委员会，于2015年12月发起关于人工智能及自主系统的伦理考虑的全球倡议（"IEEE全球倡议"），旨在构建人工智能设计的伦理标准。为此，IEEE分别于2016年12月和2017年12月发布了两个版本《人工智能伦理设计准则》，其核心是强调自主与智能系统不只是实现功能性目标和解决技术问题，还应该造福人类。该倡议下，数百名专家参与人工智能伦理设计准则的研究与讨论中。他们来自学术界、科学界、政府和企业界及非政府组织，从事人工智能、计算机、法律和伦理、哲学、政策、社会学领域的相关工作。其发布的两个版本准则，涉及适用于所有类型人工智能及自主系统的一般原则、将价值观嵌入自主智能系统、个人数据权利和个人访问控制、问责的法律框架、透明和个人权利、教育和知悉的政策、情感计算、政策法规、经典伦理问题、混合现实、人类福祉指标等议题和建议，旨在促进符合这些原则的国家政策和全球政策的制定。①②

---

① IEEE. Ethically Aligned Design：Edition 1[EB/OL]. (2016-12-13) [2019-07-03]. https://standards.ieee.org/content/dam/ieee-standards/standards/web/documents/other/ead_v1.pdf.
② IEEE. Ethically Aligned Design：Edition 2[EB/OL]. (2017-12-12) [2019-07-03]. https://standards.ieee.org/content/dam/ieee-standards/standards/web/documents/other/ead_v2.pdf.

第五节 国际人工智能与法协会

国际人工智能与法协会(the International Association for Artificial Intelligence and Law，IAAIL）是人工智能与法研究者们发起的一个非营利组织，是为了支持、发展和推动国际层面的人工智能与法领域研究而建立的。该协会始于1987年在美国波士顿的东北大学举办的首届国际人工智能与法律会议（ICAIL），并最终促成了国际人工智能与法律协会（IAAIL）于1991年成立，IAAIL旨在推动人工智能与法律这一跨学科领域的研究和应用，其重点在法律的人工智能化领域，包括如下九大主要议题：①法律推理形式化模型；②论证与决策计算模型；③证据推理的计算模型；④多智能体系统中的法律推理；⑤可执行立法模型；⑥自动法律文本分类与总结；⑦从法律数据库和文本中自动提取信息；⑧电子发现及其他法律应用的机器学习与数据挖掘；⑨基于概念模型或模型的法律信息检索。该协会自2015年起，每两年组织召开一届人工智能与法国际学术大会（ICAIL），并承办由美国匹兹堡大学法学院资助、斯普林格出版社出版的《人工智能与法》杂志（季刊），致力于支持、发展和推动国际层面的人工智能与法领域的相关研究。

第六节 学术界、企业界等的代表性合作

一、阿西洛马人工智能原则

2017年1月，未来生命研究所(FLI)在美国加州的阿西洛马市召开主题为"有益的人工智能（Beneficial AI）"的阿西洛马会议。来自世界各地的法律、伦理、哲学、经济、机器人、人工智能等众多学科和领域的专家，共同达成了23条人工智能原则，呼吁全世界在发展人工智能的时候严格遵守这些原则，共同保障人类未来的利益和安全。这23条原则主要涉及研究问题、道德标准和价值观念、

长期问题 3 个方面，包括霍金、埃隆·马斯克、德米斯·哈萨比斯等在内的近 4000 名各界专家签署支持这些原则。

二、人工智能合作组织

2016 年 9 月，亚马逊、谷歌、Facebook、IBM 和微软宣布成立了一家非营利组织：人工智能合作组织（Partnership on AI），通过组织讨论，分享见解，提供思想领导，与相关第三方协商，回答公众和媒体的问题，并创建教育材料，促进公众对人工智能技术的理解，包括机器感知、学习和自动推理。

目标有 4 个：①开发和分享最佳实践。包括解决公平性和包容性；可解释性、透明度、安全性和隐私性；价值观和道德规范；人与 AI 系统之间的协作；系统的互操作性及技术的可信赖度、可靠性、安全性和遏制性。②提高公众理解力。通过分享对人工智能核心技术的潜在收益和成本的见解，提高公众对人工智能的理解和认识。③为讨论和参与提供开放和包容的平台。为人工智能研究人员和关键利益相关者（包括技术、法律、政策、政府、公民自由和更多公众）创造和支持机会，就人工智能相关问题及其对人类和社会的影响开展直接和公开的沟通。确保关键利益相关者拥有充分参与的知识、资源和能力。④为社会有益目的，发现并促进人工智能的理想方向。确定尚未开发的机会领域，包括学术界和行业研发未探索的有前景的技术和应用。

该组织提倡促进专家之间的交流，这些专家不仅限于计算机科学领域的，还包括心理学、哲学、经济学、社会学、法学等领域的，也鼓励促进人工智能领域人员之间的交流。无论是人工智能技术的开发者还是使用者，以及可能会受人工智能影响的各个行业（如医疗健康、金融服务、交通运输、商业、制造业和媒体等）之间的交流、研发及应用。

三、学术界及代表性的国家纷纷开展合作

当前学术界和代表性的国家开展的人工智能领域国际合作项目和论坛包括但不限于如下：斯坦福大学百年项目、UNICRI 和剑桥大学办的系列闭门培训、哈佛大学伯克曼互联网与社会中心和麻省理工学院媒体实验室的全球人工智能对话、剑桥大学新莱弗尔梅未来智能中心（Leverhulme Centre for the Future of Intelligence）与日本学术机构合作的研讨、清华大学人工智能与安全项目研究小组、美国人工智能协会（AAAI）、神经信息处理系统大会（NIPS）、联合国互联网治理论坛（IGF）、美国信息技术产业委员会（ITI）、人工智能合作伙伴关系、生命未来研究所(Future of Life Institute)、机器智能研究所(MIRI)、特斯拉等产业巨头牵头成立 OpenAI、新西兰人工智能论坛、阿联酋全球人工智能治理论坛、中国世界智能大会、七国集团数字问题部长会等。

2019 年 2 月 8 日，阿联酋举办了第二届全球人工智能治理论坛。

2019 年 5 月 15 日，负责数字问题的七国集团部长于在巴黎召开会议，会议主题是"共同构建数字信任"。会议就以下 3 个主题进行了富有成效的讨论：①加强关于以人为本的人工智能的国际合作及其在减少人工智能中的应用不平等；②如何有效对抗网络危害；③建立对数据驱动的信任技术和数字基础设施。

2019 年 5 月 16 日，中国举办了第三届世界智能大会，人工智能立法成为焦点议题，与会专家共同认为"唯有将人工智能发展纳入法制轨道，才能从根本上实现其发展的安全性、可靠性与可控性""强化人工智能法治保障，必须要建立健全以人工智能法治理论为基础，涵盖立法、执法、司法、守法等关键领域的人工智能法治体系""这是人工智能领域深化国际合作的一个重要成果""运用法治思维，制定人工智能的行业准入安全标准""建议加快发展相关国际法规范，推进人工智能领域的国际合作"等。会议形成了《天津共识》，这是人工智能领域深化国际合作的一个重要成果。

◉ ···· 第二十二章

国际合作前景展望

当前，国际上就"人工智能与法律、伦理"议题开展的综合性研究或专门性研究越来越多。总体来看，准则易定，实施难行。① 未来，仍需要在克服道德准则主观性、探索全球人工智能治理准则、达成多方共识等方面不断发力。对人工智能法律和伦理领域的国际合作前景，展望如下。

第一节 对人工智能伦理和法律规范的需求更加迫切

随着人工智能技术的迅速发展及应用领域的不断拓宽，人工智能发展的社会影响在日益显现，自动驾驶为代表的诸多机器人致伤致死案件的频繁发生，智能化走进金融领域引起的"股市崩盘"、网络欺诈等事件时有发生。诸多现实的社会问题对人工智能业态的发展提出了新的要求，人工智能不能再继续"裸"着发展下去了，需要适度的监管，需要基本的道德伦理约束。越来越多的国家开始了在人工智能伦理和法律层面的探索，国际机构提供的国际合作机会在一定程度上促进了这种探索和共识的形成。但是，纵观当前这一领域的国家进展

---

① 高芳. 全球人工智能治理进展如何？[N]. 光明日报，2019-03-28（14）.

和国际合作,均发现知易行难!作为一种新兴的并且仍在发展阶段的事物,政府对人工智能发展的普遍态度是"让子弹再飞一会儿",这为新生事物的迅速发展孕育了创新的土壤,而当政府、学术界、企业界均认识到人工智能领域伦理基础和法律规制的必要性,并开始了相关行动之际,是时候开启在相关应用领域的监管和道德层面的约束了。

从上述各机构的国际合作现状可以看出,人工智能领域已经不乏各类具有普遍性和综合性的道德准则和法律框架,尤其有很多针对人工智能基本伦理所应遵循的准则和原则的倡议和文本,且针对这些准则,各界也尚未形成共识。曾毅等人的研究显示,人工智能领域,由政府、研究人员、标准制定机构和公司制定的原则和准则已经有10多套,其中大多数都围绕着确保人工智能用于共同利益,不会对人权造成伤害或影响,尊重公平、隐私和自治等价值观的关键原则展开。在检查这些原则及其之间的关系的基础上,曾毅等人的研究发现,人工智能不同的利益相关方所强调的准则侧重点均有不同,企业希望更多地提及协作,但对安全性和隐私性却提及较少。虽然政府更多地提到安全问题,但不想提及问责制。[①] 公司可以从合作中受益,但合作的氛围可能不如学术界好,这可能是他们想提及它的原因。隐私和安全是公司的敏感问题,也许这就是公司不愿意提及它们的原因。政府提到问责制的主题明显少于学术界。

就人工智能而言,形成适当的治理体系尤其困难,原因有以下3点:第一,道德问题具有多样性和主观性;第二,目前阶段难以确定适当的监管文本;第三,相关技术、经济和市场,与个人、社会,以及最终的政治和监管之间的相互作用呈现复杂性。尽管如此,未来针对人工智能领域的道德准则,仍将有望在现有的诸多版本的准则基础上,通过各国、各界进一步的贡献及不断深入的国际合作形成更多共识,并有望在国际层面形成诸方愿意共同遵守的软法。

针对人工智能领域的法律框架,进一步的国家贡献、行业贡献十分必要。

---

① ZENG Y, LU E, HUANGFU C. Linking artificial intelligence principles[J/OL]. (2018-04-18) [2019-07-03]. https://arxiv.org/pdf/1812.04814.pdf.

更多版本的法律框架设计方案,将有助于形成人工智能法律领域的共识,包括回答以下问题:①哪些领域是当务之急需要法律规范的,以及哪些领域是可以暂缓或者进入未来计划内的。②需要尽快规范的领域,应当以行业自律为主还是以国家立法为主。③人工智能的发展是一种具有全球经济和社会影响的全球现象,应建立新的国际法,这样的国际法应当是再基于个别司法管辖区法律与人工智能互动的实践,并因此确定法律保护的一般原则。那么,如何处理需要尽快规范领域的国家立法进程带来的国际影响?人工智能对国际贸易规则制定的影响有哪些?④安全规则的确立刻不容缓,需要加强企业界在研发人工智能领域的安全标准的国际合作。⑤加强对强人工智能、超级人工智能的风险预判领域的国际对策,进而制订相应的长期战略计划。

第二节 对人工智能国际治理的建议更加具体

一、联合国数字合作高级别小组:关于国际人工智能治理的提案

国际数字合作必须以有效的人工智能国际治理为基础。人工智能系统在短期和长期都存在许多跨界政策问题。联合国数字合作高级别小组提出了一个关于国际人工智能治理的提案。

提案认为,人工智能的国际治理应该建立在联合国下的一个机制,这个机制应当是:①包容性的,可以包容多方利益相关者的观点;②可预期的,可以快速评估人工智能技术的社会、经济和政治影响;③对快速发展的技术及其用途能及时、迅速地响应,并批判性地审查和更新其政策原则。

关于建立的这个国际治理应当遵循的原则,该提案认为,人工智能的数字合作对于帮助利益相关者建立持续数字化转型的能力及支持安全和包容性的数字化未来至关重要。人工智能技术是两用的。它们为运输、医药、向可再生能源的过渡和提高生活水平提供了机会。有些系统甚至可用于加强国际法的监督

和执法并改善治理。人工智能的国际治理也应该借鉴联合国的法律先例。除了国际法的一般原则之外，可以从环境保护领域，诸如污染者付费原则（创造外部性的人应支付损害赔偿和外部性管理的原则）、环境污染的因果关系举证责任倒置等原则和规则中寻找共性，进而服务于人工智能政策原则的确立。甚至，生物伦理学的价值观，如自治、善行（用于共同利益）、非严重性（确保 AI 系统不会造成伤害或侵犯人权）、正义也可以借鉴。治理还应对现有国际法文书做出回应，并认识到国际监管机构最近对人工智能创造更广泛的全球安全挑战所采取的监管措施。最后，虽然针对不同领域的人工治理制度会存在较强的专业特征，但应采取措施确保这些不同的标准或制度加强人工智能治理，而不是相互冲突。人工智能的国际治理应围绕一个专注、合法和资源充足的国际政治主体。例如，设计为联合国的一个专门机构（如世界卫生组织）、政府间国际组织（如世界贸易组织）或联合国大会附属机构（如联合国环境规划署）等。关于人工智能的任何制度都应该实现以下 4 个目标：①协调。协调和促进现有国际法和国际组织（专门机构和附属机构）框架下与人工智能国际治理有关的努力。②全面覆盖。填补国际治理方面的现存空白，例如，在监测、决策和网络战中使用人工智能技术方面；网络战和在决策中使用人工智能。③合作与竞争。鼓励人工智能小组之间就公益事业开展国际合作。④集体效益。确保人工智能技术公正、负责任的发展和公平分配利益。

  在数字技术领域，包括人工智能和自主系统，创新周期通常极短，因此监管本身在该领域具有挑战性。因此，所选择的治理机制必须灵活。鉴于创新周期越来越短，政策制定者还必须处理何时进行监管的问题。但是，应该避免采取严厉的监管行动。为了有效保护基本权利和价值观，在人工智能领域对可能存在的潜在危险和方法进行评估，进而尽早避免和解决它们是十分必要的。人工智能领域，鉴于预防原则的合理应用，至少在某些应用场景中，人工智能算法应该采用适当的事前控制措施。各种可能的决策工具强调，立法或国际公约不一定是需要最先使用用于解决道德问题的工具，可以先使用技术标准化或认证等替代性监管措施。对于个人道德问题,双边合同协议基本可以解决问题。因此,在人工智能治理领域,可以建议通过分层治理模式对人工智能实施良好治理,包括均衡的政策组合。尽可能多地立法和自由,并结合适当的认证体系、技术标准和货币激励措施。

二、规范全球解决方案的人工智能建议

加密货币、个性化政治、广告黑客、自动驾驶车辆和自主武器等人工智能具体应用领域的问题已经成为现实,影响着国际贸易、政治和战争。为此,个人、公司和国家将努力解决其使用的法律和道德问题。人工智能监督正在努力跟上快速变化的步伐和规模。许多司法管辖区的监管机构在预见到潜在损害时(如欧盟和GDPR)单独行事,导致各司法管辖区之间存在差异,全球协调的治理架构将更加有利。由于全球问题需要全球解决方案,德国学者Olivia J. Erdelyi和美国学者Judy Goldsmith联合建议,建立一个国际人工智能的监管机构,利用跨学科专业知识,为人工智能技术的监管创建一个统一的框架,并为世界各地的人工智能政策制定提供信息。[1]

对人工智能采取应用领域的风险日益增加,但法律监管方面依然有很多真空。[2~4]一旦具体领域的问题有必要采取监管,在考虑立法的时候,需要同时考虑立法监管超越国界的外部性问题,因为不同的国内立法往往会发生冲突,这与人工智能这一全球技术的特点不符,会给该类技术的创新应用带来障碍。在

---

[1] ERDÉLYI O J, GOLDSMITH J. Regulating artificial intelligence: proposal for a global solution[C]//Proceedings of the 2018 AAAI/ACM Conference on AI, Ethics, and Society. ACM, 2018: 95-101.
[2] WADHWA V. Laws and ethics can't keep pace with technology[J]. Technology Review, 2014: 15.
[3] BRELAND A. Elon Musk: We need to regulate AI before it's too late[J]. The Hill, 2017.
[4] WALSH T. EU parliament: Consultation on robotics and artificial intelligence[EB/OL]. (2017-01-12) [2017-07-03]http://thefutureofai.blogspot.de/2017/10/euparliament-consultation-on-robotics.html.

治理该类问题上，需要尊重国家主权事宜，再从国际监管角度考虑和制定相关政策、法律和标准，以避免因分散的国内监管方法的不完善互动而产生的风险。

Olivia J. Erdelyi 和 Judy Goldsmith 建议，成立一个新的政府间组织 [可称为"国际人工智能组织"（IAIO）]，作为讨论和参与国际标准制定活动的国际论坛。IAIO 应该联合来自公共部门、行业和学术组织的多元化利益相关者，他们的跨学科专业知识可以帮助政策制定者完成规范这个新颖、极其复杂且在很大程度上属于未知领域的压倒性和至关重要的任务。在建立此机构早期阶段，鼓励所有感兴趣的利益攸关方的参与，和在他们之间进行广泛、深入的合作，使国家和国际决策者能够采取积极行动，且不对技术创新造成任何潜在的障碍。该组织最初可以作为关于人工智能相关事项的政策辩论的焦点。然后，随着国际支持的深入和时间的推移，该组织将有望在其监管中发挥越来越大的作用。

人工智能将从根本上改变全世界的人类社会。由于这一转变过程可能对任何一个国家都是不可避免的，各国可能希望真诚地合作。此外，由于与技术创新保持同步需要相当大的技术专长和能力，可能国家之间的人工智能实力差距很大，甚至引起严重的权力失衡。人工智能领域的互动是相对崭新的领域，这意味着我们甚至无法掌握其中的频率和范围。许多人工智能的应用侵犯了人类最基本的权利，构成了存在主义的威胁，或者提出了深刻的道德问题，甚至可能破坏我们的法律体系。因此，需要一个国际的场合去观察各种不确定问题及对这些问题的激烈辩论。鉴于此，人工智能领域的国际监管共识的形成是需要时间的，制定具有严格约束力的国际合作框架为时尚早，但是灵活性的国际合作框架有助于厘清差异、建立共识。

总之，至少在最初阶段，IAIO 应该主要做"聚拢人气"的工作，虽然这种形式较为松散，但有利于提升参与方的积极性。另外，可以使用软法律文书，如非约束性建议、指南和标准，以支持国家政策制定者的构思和设计，以及与人工智能相关的监管政策。该组织的临时目标应该是在各个国家制定自己的政策之前，尽早促进这一领域的国际合作。国际社会是否希望在未来的某个时刻

第六篇　　展望未来：人工智能法律法规和伦理规范领域的国际合作

走向更正式的合作，还有待观察。有时，非正规性成为组织成功的关键，"在其他构成要素对机制有效性的改善效应超过缺乏法律约束力造成的消极影响时，在同一问题领域，非正式国际机制可能比正式的国际机制更有效"，[1] 例如，国际清算银行，其成立主要是为处理第一次世界大战后德国的战争赔偿及清算等业务。国际清算银行是一个股份制形式的国际金融组织，而并非政府间的金融决策机构，但其国际影响力甚至超越了有些政府间组织。最初的非正式安排也可能会转变为正式的合作框架，如与关税和贸易总协定（GATT）逐步转变为如今的世界贸易组织（WTO），这是一个非常成功、持续、互补和相互作用的例子。

建议还强调，在与 IAIO 建立有关的初步审议中，应纳入跨学科的专家组合（如人工智能、法律、政治和道德背景），要合理设置运作和监管议程，并要促进与来自公共部门、行业和学术界的各种感兴趣的利益相关者定期的磋商，以确保适当考虑所有相关的观点。[2]

三、法国—加拿大关于国际人工智能小组（IPAI）的倡议

加拿大总理贾斯廷·特鲁多和法国数字事务部长 Mounir Mahjoubi 在 G7 大会上宣布成立"国际人工智能小组"（IPAI）。国际人工智能小组的使命是支持和指导"负责任地采用以人为本，以人权、包容性、多样性、创新和经济增长为基础的人工智能"，国际人工智能小组将以多利益攸关方的方式促进与科学界、工业界、民间社会、国际组织和政府的国际合作。国际人工智能小组（IPAI）迫切需要衡量和预测人工智能系统的进展和影响，这可能包括在一系列认知领域和经济任务中评估人工智能的未来能力，盘点算法如何用于决策，分

---

[1] 王梦晓. 国际金融监管机制非正式性的原因分析[D]. 上海：上海交通大学，2014.
[2] ERDÉLYI O J，GOLDSMITH J. Regulating artificial intelligence：Proposal for a global solution[C]//Proceedings of the 2018 AAAI/ACM Conference on AI，Ethics，and Society. ACM，2018：95-101.

析新兴技术和技术及探索潜在的未来影响,如就业。IPAI可以为人工智能技术的状态和趋势提供合法、权威的声音,但是如何利用专业知识和访问信息需要仔细设计。如果证明IPAI是成功的,它最终应该扩大到真正的政府间,并包含诸如武器控制和人工智能等缺失的问题。目前,IPAI可以为国际治理提供基本的信息,每3年进行一次评估及快速反应特别问题评估。

适当的人工智能治理,有助于保护以人为中心的社会的持续良好运转。提高对相关风险的意识和行动,不应被误解为一种反创新的做法。相反,充分考虑风险的措施,才可以确保人工智能的构建和运行方式始终能够被个人用户和整个人类社会所接受。鉴于人工智能发展的系统复杂性、速度和不确定性,上述包含多样利益相关方的国际性的交流平台对于建立合法的国际程序、规范和共同遵守的伦理道德标准至关重要。

第三节 人工智能领域的国际制度性话语权的"争夺"将成为热点

当前,针对人工智能国际合作和讨论仅仅是拉开了人工智能时代全球治理的序幕。治理(governance)意味着做出和执行决策依赖程序,包括规范、政策、制度、法律等。好的治理意味着这些手段和机制是有效的、合法的、包容性的、适应性的。人工智能全球治理,需要国际社会在人工智能伦理、法律等制度层面形成具体共识,以确保人工智能可以造福于全人类和全世界的发展。

总体来看,全球主要国家对人工智能治理仍然仅停留在原则和框架层面。[①]某些具体领域如自动驾驶、数据隐私保护等的规则制定,已经在各国开启。未来,人工智能领域的国际治理将同时存在两种趋势,且这两种趋势互相促进:其一,各国根据本国发展需要,并结合其国际战略,在人工智能具体应用领域,开展对原有法律规则调整和新规则的制定,并进而将其国内规则作为其对外政策的

---

① 高芳.全球人工智能治理进展如何?[N].光明日报,2019-03-28(14).

延续,支持和推动这些规则成为其争取人工智能全球治理制度性话语权的重要抓手,在某些具体领域国际规则制定中争取主导权;其二,在伦理、道德等基础性原则和准则方面,各国有望选择性地支持现有一些准则框架,或者支持形成一些新的准则框架,并在此基础上积极参与某一个或某一些逐渐具有影响力的国际平台的讨论,引导并达成更多的符合自身发展利益和他国共同利益的国际共识,并最终以在国际层面用软法的形式确定下来,约束政府、企业和个人在开发、利用人工智能方面的行为。

目前,发达国家通过人工智能技术创新掌控了产业链上游资源,难以逾越的技术鸿沟和产业壁垒有可能进一步拉大发达国家和发展中国家的生产力发展水平差距。[①] 但在人工智能法律和伦理规范领域,发展中国家仍有可能依托对现有产业的转型升级和对未来产业趋势的紧密把握,形成规则制定的对策性和战略性的方案储备,并通过积极参与相关领域国际合作来影响人工智能的全球治理发展方向。

人工智能将改善人们的福利和福祉,促进积极的可持续全球经济活动,提高创新和生产力,并帮助应对重大的全球挑战。在从弱人工智能走向强人工智能不久的将来,我们将不断解决由人工智能技术突破所带来的伦理、法律、政治、经济和社会等各方面的新问题,并将同时迎来新的挑战。未来,需要人类秉持着"人类命运共同体"的发展理念,不断研究和应对这些新问题、新挑战,共同处理好人与人、人与自然、人与机器等多重关系。

---

① 谭铁牛. 人工智能技术拐点来临未来将如何发展[EB/OL]. (2019-02-23)[2019-07-03]. http://www.xinhuanet.com/politics/2019-02/23/c_1124153626.htm.

后 记

很荣幸,受科学技术文献出版社的委托,参与中国新一代人工智能 2030 全景科普丛书的撰写,负责《促进人工智能发展的法律与伦理规范》分册。接到邀请时我们既感到荣幸又倍感压力。人工智能之势浩浩汤汤,相关法学研究汗牛充栋,各种观点与理论亦层出不穷,因此我们苦苦思索这册书撰写的意义。通过和编辑的沟通,我们最终将这册书定位为人工智能法律和伦理的高级科普书,希望将国内外对人工智能法律和伦理的研究现状与成果介绍给关注人工智能发展的各界人士,包括法学专业人士、非法学专业人士及社会大众,实现专业知识与大众文化的沟通和衔接。

人工智能法学是一个新而泛的话题,研究中既要求扎实的法学功底,有充分的法律知识储备,又需要充分的想象力,敢于畅想人工智能技术可能带来的社会变革和风险。在成书过程中,我们阅读和整合了国内外大量的政策报告、学术研究和热点新闻材料,希望尽可能地用通俗易懂的语言向读者展现人工智能法学发展现状的全貌,特别是潜在风险、研究热点、各方观点、研究路径和发展前景等。然而,在成书过程中,我们深感于人工智能法学领域内容纷杂,而人工智能这一新兴技术的发展又如此之迅速,因此,最终呈现在读者面前的是一本饱含着还在发展中的观点的著作。希望读者翻开此书时和我们一起畅游人工智能法学的海洋，领略到人工智能法学的深邃与壮美。

　　经过紧张的筹备，写作过程忙碌而充实，我们总结了人工智能领域现有的法律和伦理规范及相关实践，既希望能够不遗漏掉任何一点也希望紧追最新的研究趋势。然而，理想很丰满，现实却很骨感。我们的总结和对相关趋势的判断难免还存在遗漏和滞后。现在我们怀着忐忑的心情向读者呈上这册小书，希望各位读者不吝赐教。

蒋佳妮　堵文瑜

2020 年 8 月于北京

参考文献

图书

[1] 梁上上. 利益衡量论[M]. 北京：法律出版社，2013.

[2] 安德烈亚斯·凯勒哈斯. 从华盛顿，布鲁塞尔，伯尔尼到北京：竞争法规范和功能比较[M]. 杨华隆，武欣，译. 北京：中国政法大学出版社，2013.

[3] 乌尔里希·贝克，安东尼·吉登斯，斯科特·拉什. 自反性现代化[M]. 赵文书，译. 北京：商务印书馆，2001.

[4] 高亮华. 人文主义视野中的技术[M]. 北京：中国社会科学出版社，1997.

[5] 乌尔里希·贝克. 风险社会[M]. 何博闻，译. 南京：译林出版社，2004.

[6] 安德鲁·芬伯格. 技术批判理论[M]. 韩连庆，曹观法，译. 北京：北京大学出版社，2005.

[7] BEKEY G A. Autonomous robots：from biological inspiration to implementation and control[M]. Massachusetts：MIT press，2005.

[8] 睿根. 打开牢笼：面对动物权利的挑战[M]. 莽萍，马天杰，译. 北京：中国政法大学出版社，2005.

[9] ERDÉLYI O J，GOLDSMITH J. Regulating artificial intelligence：Proposal for a global solution[C].// Proceedings of the 2018 AAAI/ACM Conference on AI，Ethics，

and Society. ACM, 2018: 95-101.

报告

[1] National Science and Technology Council. Preparing for the future of artificial intelligence [R/OL]. (2016-10-12) [2019-07-02]. https://obamawhitehouse.archives.gov/sites/default/files/whitehouse_files/microsites/ostp/NSTC/preparing_for_the_future_of_ai.pdf.

[2] Executive Office of the President. Artificial intelligence, automation, and the economy[R/OL]. (2016-12-20) [2019-07-02]. https://obamawhitehouse.archives.gov/sites/whitehouse.gov/files/documents/Artificial-Intelligence-Automation-Economy.PDF.

[3] Subcommittee on Information Technology Committee on Oversight and Government Reform U.S. House of Representatives. Rise of the machines: artificial intelligence and its growing impact on U.S. policy[R/OL]. (2018-09-25) [2019-07-02]. https://www.innovation4.cn/library/r31335.

[4] Deputy Secretary of Defence. Memorandum for establishment of an Algorithmic Warfare Cross-Functional Team[R/OL]. (2017-04-26) [2019-07-02]. https://www.govexec.com/media/gbc/docs/pdfs_edit/establishment_of_the_awcft_project_maven.pdf.

[5] DONALD J TRUMP. America will dominate the industries of the future [R/OL]. (2019-02-07) [2019-07-02]. https://www.whitehouse.gov/briefings-statements/america-will-dominate-industries-future/.

[6] 工业和信息化部赛迪研究院. 美欧国家推动人工智能发展的法律规定[R/OL]. (2018-01-25) [2019-07-02]. http://www.ccidwise.com/uploads/soft/120813/1-1P223121043.pdf.

[7] European Comission. Strategic research agenda for robotics in Europe [R/OL]. (2013-10-11) [2019-07-02]. https://ec.europa.eu/research/industrial_technologies/pdf/

robotics-ppp-roadmap_en.pdf.

[8] European Comission.Proposal for a regulation of the European Parliament and of the council establishing the digital Europe programme for the period 2021—2027[R/OL].（2018—06—06）[2019—07—02].https：//eur-lex.europa.eu/resource.html?uri=cellar：321918fd—6af4—11e8—9483—01aa75ed71a1.0003.03/DOC_1&format=PDF.

[9] European Comission.Investing in the future digital transformation 2021—2027 [R/OL].（2018—06—06）[2019—07—02].https：//ec.europa.eu/commission/sites/beta-political/files/budget-june2018—digital-transformation_en.pdf.

[10] European Comission.Artificial Intelligence for Europe [R/OL].（2018—04—25）[2019—07—02].https：//ec.europa.eu/digital-single-market/en/news/communication-artificial-intelligence-europe.

[11] European Comission.Coordinated Plan on Artificial Intelligence [R/OL].（2018—12—07）[2019—07—02].https：//ec.europa.eu/digital-single-market/en/news/coordinated-plan-artificial-intelligence.

[12] European Parliament. Draft report with recommendations to the commission on civil law rules on robotics [R/OL].（2016—05—31）[2019—07—02].http：//www.europarl.europa.eu/doceo/document/JURI-PR—582443_EN.pdf?redirect.

[13] European Parliament. European Civil Law Rules in Robotics[R/OL].（2016—12—22）[2019—07—02].https：//publications.europa.eu/en/publication-detail/—/publication/19ea0f1c—9ab0—11e6—868c—01aa75ed71a1.

[14] DAME WENDY HALL, JÉRÔME PESENTI. Growing the artificial industry in the UK[R/OL].（2017—10—15）[2019—07—02].https：//www.gov.uk/government/publications/growing-the-artificial-intelligence-industry-in-the-uk.

[15] The House of Lords. AI in the UK：ready，willing and able ? [R/OL].（2018—3—13）[2019—07—02].https：//publications.parliament.uk/pa/ld201719/ldselect/

ldai/100/100.pdf.

[16] WIPO. WIPO Technology Trends 2019：Artificial Intelligence[R/OL].（2019−03−15）[2019−07−03]. https://www.innovation4.cn/library/r37527.

[17] UNCTAD. Technology and Innovation Report 2018 Harnessing Frontier Technologies for Sustainable Development[R/OL].（2018−05−15）[2019−07−03]. http://www.indiaen vironmentportal.org.in/content/455166/technology-and-innovation-report-2018−harnessing-frontier-technologies-for-sustainable-development/.

[18] WEF．AI Governance A Holistic Approach to Implement Ethics into AI[R/OL].（2019−05−03）[2019−07−02]. https://www.weforum.org/whitepapers/ai-governance-a-holistic-approach-to-implement-ethics-into-ai/.

[19] 国务院．新一代人工智能发展规划[R/OL].（2017−07−08）[2019−07−03]. http://www.gov.cn/zhengce/content/2017−07/20/content_5211996.htm.

[20] ECIPE. Digital Trade Restrictiveness Index [R/OL].（2018−04−15）[2019−07−03]. https://ecipe.org/dte/dte-report/.

[21] The European Commission's High-Level Expert Group Artificial Intelligence. Draft Ethics Guidelines for Trustworthy AI [R/OL].（2018−12−08）[2019−07−02]. https://www.euractiv.com/wp-content/uploads/ sites/2/2018/12/AIHLEGDraft AIEthicsGuidelinespdf.pdf.

[22] 国家人工智能标准化总体组．人工智能伦理风险分析报告[R/OL].（2019−04−28）[2019−07−03]．http://www.cesi.ac.cn/images/editor/20190425/20190425142632634001.pdf.

学位论文

[1] 蒋力．算法合谋的反垄断法分析[D]. 武汉：武汉大学，2018.

期刊

[1] 郑戈.人工智能与法律的未来[J].探索与争鸣,2017(10):78-84.

[2] F PATRICK HUBBARD."Sophisticated Robots":Balancing Liability, Regulation, and Innovation[J/OL].Fla L Rev,2015,66:1803[2019-07-03]. http://scholarship.law.ufl.edu/flr/vol66/iss5/1.

[3] RYAN CALO.Robotics and the Lessons of Cyberlaw[J].Cal L Rev,2015,103(3):513-563.

[4] EZRACHI A, STUCKE M E.Artificial Intelligence & Collusion:When Computers Inhibit Competition[J].SSRN Electronic Journal,2015,2017(5):1775-1809.

[5] 曹建峰."人工智能+法律"十大趋势[J].机器人产业,2017(5):86-96.

[6] 张清,张蓉."人工智能+法律"发展的两个面向[J].求是学刊,2018,245(4):97-106.

[7] MELANIE M REID.Rethinking the Fourth Amendment in the Age of Supercomputers, Artificial Intelligence, and Robots[J].West Virginia Law Review,2017,119(3):863-890.

[8] 傅莹.人工智能对国际关系的影响初析[J].国际政治科学,2019,4(1):1-18.

[9] 贾开,郭雨晖,雷鸿竹.人工智能公共政策的国际比较研究:历史、特征与启示[J].电子政务,2018,189(9):78-86.

[10] 刘宪权.人工智能时代的刑事风险与刑法应对[J].法商研究,2018,183(1):3-11.

[11] 马治国,田小楚.论人工智能体刑法适用之可能性[J].华中科技大学学报(社会科学版),2018,150(2):108-115.

[12] 张建文.格里申法案的贡献与局限:俄罗斯首部机器人法草案述评[J].华东政法大学学报,2018,21(2):32-41.

[13] 冯珏.自动驾驶汽车致损的民事侵权责任[J].中国法学,2018(6):109-132.

[14] 司晓,曹建峰.论人工智能的民事责任:以自动驾驶汽车和智能机器人为切入点[J].法律科学,2017(5):170-171.

[15] 刘洪华. 论人工智能的法律地位 [J]. 政治与法律, 2019（1）: 11-21.

[16] 孙伟平. 关于人工智能的价值反思 [J]. 哲学研究, 2017（10）: 120-126.

[17] 刘宪权. 人工智能时代的刑事风险与刑法体系的重构 [J]. 政治与法律, 2018（1）: 91, 97.

[18] 杨立新. 人工类人格: 智能机器人的民法地位: 兼论智能机器人致人损害的民事责任 [J]. 求是学刊, 2018（4）: 84-96.

[19] 陶乾. 论著作权法对人工智能生成成果的保护: 作为邻接权的数据处理者权之论立 [J]. 法学, 2018（4）: 3-15.

[20] 易继明. 人工智能创作物是作品吗？[J]. 法律科学（西北政法大学学报）, 2017（5）: 137-147.

[21] 李伟民. 人工智能智力成果在著作权法的正确定性: 与王迁教授商榷 [J]. 东方法学, 2018（3）: 149-160.

[22] 王迁. 论人工智能生成的内容在著作权法中的定性 [J]. 法律科学（西北政法大学学报）, 2017（5）: 148-155.

[23] 孙山. 人工智能生成内容的著作权法规制: 基于对核心概念分析的证成 [J]. 浙江学刊, 2018（2）: 113-120.

[24] TARLETON GILLESPIE, PABLO J BOCZKOWSKI, KIRSTEN A FOOT.The relevance of algorithms, in media technologies [J]. Mobile Media & Communication, 2015, 3（2）: 286-287.

[25] 吴汉东, 张平, 张晓津. 人工智能对知识产权法律保护的挑战 [J]. 中国法律评论, 2018（2）: 1-24.

[26] 刘影. 人工智能生成物的著作权法保护初探 [J]. 知识产权, 2017（9）: 44-50.

[27] 曹源. 人工智能创作物获得版权保护的合理性 [J]. 科技与法律, 2016（3）: 488-508.

[28] 王瀚. 欧美人工智能专利保护比较研究 [J]. 华东理工大学学报（社会科学版）, 2018（1）: 96-101, 116.

[29] 丁晓东. 什么是数据权利: 从欧洲《一般数据保护条例》看数据隐私的保护 [J]. 华东政

法大学学报，2018（4）：39-53.

[30] 张新宝. 从隐私到个人信息：利益再衡量的理论与制度安排[J]. 中国法学，2015（3）：38-59.

[31] 张新宝. 我国个人信息保护法立法主要矛盾研讨[J]. 吉林大学社会科学学报，2018（5）：45-56.

[32] 张平. 大数据时代个人信息保护的立法选择[J]. 北京大学学报（哲学社会科学版），2017（3）：143-151.

[33] 刘云. 欧洲个人信息保护法的发展历程及其改革创新[J]. 暨南学报（哲学社会科学版），2017（2）：72-84.

[34] 金晶. 欧盟《一般数据保护条例》：演进、要点与疑义[J]. 欧洲研究，2018（4）：9-34.

[35] 韩伟. 算法合谋反垄断初探：OECD《算法和合谋》报告介评[J]. 竞争政策研究，2017（6）：68-77.

[36] 李振利，李毅. 论算法共谋的反垄断规制路径[J]. 学术交流，2018（7）：73-82.

[37] 周樨平. 竞争法视野中互联网不当干扰行为的判断标准：兼评"非公益必要不干扰原则"[J]. 法学，2015（5）：92-104.

[38] 李阁霞. 互联网不正当竞争行为分析：兼评《反不正当竞争法》中"互联网不正当竞争行为"条款[J]. 知识产权，2018（2）：20-30.

[39] 宋亚辉. 网络干扰行为的竞争法规制："非公益必要不干扰原则"的检讨与修正[J]. 法商研究，2017（4）：91-100.

[40] 王红霞，尹玉涵. 互联网新型不正当竞争行为的司法认定：兼论新修《反不正当竞争法》的适用[J]. 电子知识产权，2018（11）：54-66.

[41] 蒋舸.《反不正当竞争法》网络条款的反思与解释以类型化原理为中心[J]. 中外法学，2019，31（1）：180-202.

[42] 孔祥俊. 论反不正当竞争法的现代化[J]. 比较法研究，2017（3）：37-55.

[43] 刘维. 论软件干扰行为的竞争法规制：基于裁判模式的观察[J]. 法商研究，2018（4）：183-192.

[44] 何其生．美国自由贸易协定中数字贸易的规制研究[J]．河南财经政法大学学报，2012，133（5）：142-153．

[45] 王晶．发达国家数字贸易治理经验及启示[J]．开放导报，2016（4）：50-54．

[46] 陈靓．数字贸易自由化的国际谈判进展及其对中国的启示[J]．上海对外经贸大学学报，2015（3）：28-35．

[47] 周念利，李玉昊．全球数字贸易治理体系构建过程中的美欧分歧[J]．理论视野，2017（9）：76-81．

[48] 伊万·沙拉法诺夫，白树强．WTO视角下数字产品贸易合作机制研究：基于数字贸易发展现状及壁垒研究[J]．国际贸易问题，2018（2）：149-163．

[49] 张茉楠．全球数字贸易战略：新规则与新挑战[J]．区域经济评论，2018（5）：23-27．

[50] 彭岳．贸易规制视域下数据隐私保护的冲突和解决[J]．比较法研究，2018（4）：176-187．

[51] 黎辉辉．自主武器系统是合法的武器吗？：以国际人道法为视角[J]．研究生法学，2014（12）：125-132．

[52] 董青岭．新战争伦理：规范和约束致命性自主武器系统[J]．国际观察，2018（4）：51-66．

[53] 外交部条法司．基于国际人道法的人工智能武器争议[J]．信息安全与通信保密，2019（5）：25-27．

[54] 童天湘．人工智能与社会发展[J]．自然辩证法研究，1992（S1）：61-66．

[55] 刘铁光．风险社会中技术规制基础的范式转换[J]．现代法学，2011，33（4）：66-78．

[56] 成伯清．"风险社会"视角下的社会问题[J]．南京大学学报（哲学·人文科学·社会科学版），2007（2）：129-135．

[57] 王耀华．对于"技术"本质的现象学反思及可能的未来：海德格尔后期关于"技术"的哲学追问[J]．北京大学研究生学志，2006（1）：62-73．

[58] 高奇琦，张鹏．论人工智能对未来法律的多方位挑战[J]．华中科技大学学报（社会科学版），2018（1）：86-96．

[59] 李晟. 略论人工智能语境下的法律转型[J]. 法学评论, 2018（1）: 98-107.

[60] 季卫东. 人工智能时代的司法权之变[J]. 东方法学, 2018（1）: 125-133.

[61] 谢一驰. 我国自动驾驶汽车法律规制探析[J]. 北京工业大学学报（社会科学版）, 2018, 18（6）: 76-81.

[62] 吴汉东. 人工智能时代的制度安排与法律规制[J]. 法律科学（西北政法大学学报）, 2017（5）: 130-138.

[63] 孙占利. 智能机器人法律人格问题论析[J]. 东方法学, 2018, 63（3）: 10-17.

[64] 董可男, 王楠. 智能医疗时代的曙光: 人工智能+健康医疗应用概览[J]. 大数据时代, 2017（4）: 26-37.

[65] 马长山. 智能互联网时代的法律变革[J]. 法学研究, 2018（4）: 22-38.

[66] MCCARTHY J, MINSKY M L, ROCHESTER N, et al. A proposal for the dartmouth summer research project on artificial intelligence, August 31, 1955[J/OL]. AI Magazine, 2006, 27（4）: 12[2017-09-19]. https://doi.org/10.1609/aimag.v27i4.1904.

[67] SUSSKIND R E. Artificial intelligence, expert systems and law[J]. Denning L J, 1990（5）: 105.

[68] UK GOV. The key principles of vehicle cyber security for connected and automated vehicles[J]. 2017.

[69] DELVAUX M. Report with recommendations to the commission on civil law rules on robotics[J]. European Parliament, 2017.

[70] WADHWA V. Laws and ethics can't keep pace with technology[J]. Technology Review, 2014: 15.

[71] BRELAND A. Elon Musk: We need to regulate AI before it's too late[J]. The Hill, 2017.

[72] GIBBS M, ADAMS E. A report on the Second National Law and Electronics Conference[J]. Mull Mod Uses Log L, 1962（3）: 215-223.

[73] HALLEVY, GABRIEL.The criminal liability of artificial intelligence entitiesfrom science fiction to legal social control[J].Akron Intellectual Property, 2010.

[74] 王德夫. 论人工智能技术的金融应用和法律风险应对[J]. 私法, 2018 (1): 212-230.

[75] 白惠仁. 自动驾驶汽车的伦理、法律与社会问题研究述评[J]. 科学与社会, 2018, 8 (1): 72-87.

[76] 杜严勇. 论机器人权利[J]. 哲学动态, 2015 (8): 83-89.

[77] MOISEIENKO ANTON. Book review: tomorrow's lawyers: an introduction to your future by Richard Susskind[J]. LSE Review of Books, 2017: 1-3.

[78] 刘宪权. 人工智能时代机器人行为道德伦理与刑法规制[J]. 比较法研究, 2018 (4): 40-54.

报纸

[1] 张艳. 人工智能给法律带来四大挑战[N]. 社会科学报, 2016-08-04 (4).

[2] 高芳. 全球人工智能治理进展如何?[N]. 光明日报, 2019-03-28 (14).

[3] 赵永新. 人工智能会"碾压"人类吗?[N]. 人民日报, 2017-11-21 (11).

[4] 刘杰. 各国自动驾驶政策概况及特征[N]. 人民邮电报, 2018-12-17 (7).

电子资源

[1] NSTC. Charter of the subcommittee on machine learning and artificial intelligence committee on technology, national science and technology council[EB/OL]. (2016-05-04) [2019-07-02]. https://www.whitehouse.gov/sites/whitehouse.gov/files/ostp/MLAI_Charter.pdf.

[2] The Networking and Information Technology Research and Development Program. About the NITRD Program [EB/OL]. (2018-02-03) [2019-07-02]. https://www.nitrd.gov/about/index.aspx.

[3] TAJHA CHAPPELLET-LANIER. White House announces creation of select committee on artificial intelligence [EB/OL]. (2018-05-10) [2019-07-02]. https://www.

fedscoop.com/white-house-artifical-intelligence-committee-kratsios/.

[4] 产新君. 如何看美国宣告人工智能全球主导权？[EB/OL]. (2019-02-27)[2019-07-02]. https://mp.weixin.qq.com/s/JZy8k4cbi_TOyTfobPrA5g.

[5] The White House. Executive order on maintain American Leadership in artificial intelligence [EB/OL]. (2019-02-11) [2019-07-02]. https://www.whitehouse.gov/presidential-actions/executive-order-maintaining-american-leadership-artificial-intelligence/.

[6] 腾讯研究院. 2017年全球人工智能政策十大热点（EB/OL）. (2017-12-30) [2019-07-02]. http://www.sohu.com/a/213661052_455313.

[7] 石月. 欧盟的追赶：解读《欧盟机器人研发计划》[EB/OL]. (2017-01-16) [2019-07-02]. https://www.tisi.org/4797.

[8] 赛博安全. 欧盟《可信人工智能伦理指南（草案）》介绍 [EB/OL]. (2019-01-11) [2019-07-02]. https://www.secrss.com/articles/7781.

[9] 曹建峰. 十项建议解读欧盟人工智能立法新趋势[EB/OL]. (2017-02-17)[2019-07-02]. https://www.tisi.org/4811.

[10] DANIT GAL. 人工智能各国战略解读系列之六《英国人工智能的未来监管措施与目标概述》[EB/OL]. 孙那，李金磊，译. (2017-04-22) [2019-07-02] http://www.sohu.com/a/131665085_556637.

[11] 第三届世界智能大会. 关于人工智能发展和法治保障的天津共识 [EB/OL]. (2019-05-16) [2019-07-02]. http://www.mzyfz.com/cms/yifaxingzheng/fazhigongzuo/gongzuodongtai/html/1459/2019-05-20/content-1394364.html.

[12] 数据人. 美国信息隐私立法透析 [EB/OL]. (2016-10-08) [2019-07-03]. http://www.sohu.com/a/115633131_500652.

[13] International Bureau of WIPO. Protection against Unfair Competition：Analysis of the Present World Situation [EB/OL]. (1994-08-23) [2019-07-03]. https://searchworks.stanford.edu/view/3062822.

[14] Organisation for Economic Co-operation and Development. OECD Glossary of Statistical Terms [EB/OL]. (2007-12-22) [2019-07-03]. https://stats.oecd.org/glossary/download.asp.

[15] ICRC. 红十字国际委员会关于自主武器系统的观点 [EB/OL]. (2017-04-11) [2019-07-02]. https://www.icrc.org/zh/document/views-icrc-autonomous-weapon-system.

[16] ALEX WEBB. Cybersecurity Is Biggest Risk of Autonomous Cars, Survey Finds [EB/OL]. (2016-07-19) [2019-07-03]. https://www.bloomberg.com/news/articles/2016-07-19/cybersecurity-is-biggest-risk-of-autonomous-cars-survey-finds.

[17] 智驾. Uconnect 从最智能的车载系统变成最易受攻击，智能汽车面临安全质疑 [EB/OL]. (2015-7-29) [2019-07-03]. http://www.autor.com.cn/index/technology/vehicle/2573.html.

[18] 张毅荣. 德国通过首部关于自动驾驶汽车的法律 [EB/OL]. (2017-05-12) [2017-12-21]. http://www.xinhuanet.com/world/2017-05/13/c_1120967134.htm.

[19] 万钢. 我国人工智能的挑战与对策 [EB/OL]. (2019-06-12) [2019-07-03]. http://www.cinn.cn/gykj/201906/t20190612_213628.html.

[20] 生命未来研究所. 阿西洛马人工智能原则 [EB/OL]. (2017-01-17) [2019-07-03] https://futureoflife.org/ai-principles-chinese/.

[21] USACM. Statement on Algorithmic Transparency and Accountability [EB/OL]. (2017-1-12) [2019-07-03]. https://www.acm.org/binaries/content/assets/public-policy/2017_usacm_statement_algorithms.pdf.

[22] IEEE. Ethically Aligned Design: Edition 1 [EB/OL]. (2016-12-13) [2019-07-03]. https://standards.ieee.org/content/dam/ieee-standards/standards/web/documents/other/ead_v1.pdf.

[23] 国家发展与改革委员会，中央网信办，科技部，等. 智能汽车创新发展战略 [EB/OL]. (2020-02-10) [2020-07-01]. https://www.gov.cn/zhengce/zhengceku/2020-02/24/content_5482655.html.

[24] 谭铁牛.人工智能技术拐点来临未来将如何发展[EB/OL].（2019-02-23）[2019-07-03].http://www.xinhuanet.com/politics/2019/02/23/c_1124153626.htm.

[25] ZENG Y, LU E, HUANGFU C. Linking artificial intelligence principles[J/OL].（2018-04-18）[2019-07-03].https://arxiv.org/pdf/1812.04814.pdf.

[26] WALSH T. EU parliament：Consultation on robotics and artificial intelligence [EB/OL].（2017-01-12）[2017-07-03]http://thefutureofai.blogspot.de/2017/10/euparliament-consultation-on-robotics.html.

[27] 吴习彧.人工智能，可以成为法律上的"人"吗？[N/OL].法治周末.（2019-03-29）[2019-05-27].https://baijiahao.baidu.com/s?id=1629317747255358629&wfr=spider&for=pc.

[28] IEEE. Ethically Aligned Design：Edition 2[EB/OL].（2017-12-12）[2019-07-03].https://standards.ieee.org/content/dam/ieee-standards/standards/web/documents/other/ead_v2.pdf.

[29] OM MALIK. The Hype, and Hope, of Artificial Intelligence[EB/OL].（2016-08-26）[2018-12-21].http://www.newyorker.com/business/currency/the-hype-and-hope-of-artificial-intelligence.

[30] 伦一.美德加快健全自动驾驶制度对我国的启示[EB/OL].（2017-07-09）[2019-02-28].https://m.sohu.com/a/155637742_683365.

[31] 肖莹.自动驾驶将至 联合国/ISO/欧盟法规进展[EB/OL].（2017-05-14）[2018-12-12].http://auto.gasgoo.com/News/2019/05/14074751475117 0104943C601.shtml.

[32] 亿欧网.人工智能重构下的金融场景[EB/OL].（2018-01-27）[2019-02-18].https://www.iyiou.com/p/65019.html.

[33] 周琳.机器人投顾：颠覆者来了？[N/OL].经济日报，（2016-01-29）[2018-09-13].http://finance.591hx.com/article/2016-01-29/0000535504s.shtml.

[34] 约翰·弗兰克·韦弗.如何起诉机器人：法律责任与人工智能[M/OL].郑志峰，译.（2019-05-11）[2019-08-12].https://www.secrss.com/articles/10579.